2014 年发布
中国企业会计准则

企业会计准则第 40 号
——合营安排

财政部会计司 编

经济科学出版社

图书在版编目（CIP）数据

企业会计准则第 40 号：合营安排/财政部会计司编．—北京：经济科学出版社，2014.6
ISBN 978 - 7 - 5141 - 4793 - 3

Ⅰ.①企… Ⅱ.①财… Ⅲ.①会业－会计准则－中国 Ⅳ.①F279.23

中国版本图书馆 CIP 数据核字（2014）第 140544 号

责任编辑：黄双蓉　黎子民
责任校对：徐领柱
责任印制：邱　天

企业会计准则第 40 号——合营安排
财政部会计司　编
经济科学出版社出版、发行　新华书店经销
社址：北京市海淀区阜成路甲 28 号　邮编：100142
总编部电话：010 - 88191217　发行部电话：010 - 88191522
网址：www.esp.com.cn
电子邮件：esp@esp.com.cn
天猫网店：经济科学出版社旗舰店
网址：http://jjkxcbs.tmall.com
河北零五印刷厂印装
787×1092　16 开　5.75 印张　60000 字
2014 年 6 月第 1 版　2014 年 6 月第 1 次印刷
ISBN 978 - 7 - 5141 - 4793 - 3　定价：25.00 元
（图书出现印装问题，本社负责调换。电话：010 - 88191502）

（版权所有　翻印必究）

财政部文件

财会〔2014〕11号

财政部关于印发《企业会计准则第40号——合营安排》的通知

国务院有关部委、有关直属机构，各省、自治区、直辖市、计划单列市财政厅（局），新疆生产建设兵团财务局，财政部驻各省、自治区、直辖市、计划单列市财政监察专员办事处，有关中央管理企业：

  为适应社会主义市场经济发展需要，进一步完善企业会计准则体系，根据《企业会计准则——基本准则》，我部制定了《企业会计准则第40号——合营安排》，现予印发，自2014年7月1日起在所有执行企业会计准则的企业范围内施行，鼓励在境外上市的企业提前执行。

  执行中有何问题，请及时反馈我部。

  附件：企业会计准则第40号——合营安排

财政部

2014年2月17日

总 目 录

第一部分　企业会计准则第 40 号——合营安排 ……… 1
第二部分　《企业会计准则第 40 号——合营安排》
　　　　　应用指南 ………………………………… 9
第三部分　《企业会计准则第 40 号——合营安排》
　　　　　起草说明 ………………………………… 61
第四部分　Accounting Standard for Business Enterprises
　　　　　No. 40—Joint Arrangements …………… 73

第一部分
企业会计准则第 40 号
——合营安排

第一章 总则

第一条 为了规范合营安排的认定、分类以及各参与方在合营安排中权益等的会计处理，根据《企业会计准则——基本准则》，制定本准则。

第二条 合营安排，是指一项由两个或两个以上的参与方共同控制的安排。合营安排具有下列特征：

（一）各参与方均受到该安排的约束；

（二）两个或两个以上的参与方对该安排实施共同控制。任何一个参与方都不能够单独控制该安排，对该安排具有共同控制的任何一个参与方均能够阻止其他参与方或参与方组合单独控制该安排。

第三条 合营安排不要求所有参与方都对该安排实施共同控制。合营安排参与方既包括对合营安排享有共同控制的参与方（即合营方），也包括对合营安排不享有共同控制的参与方。

第四条 合营方在合营安排中权益的披露，适用《企业会计准则第41号——在其他主体中权益的披露》。

第二章 合营安排的认定和分类

第五条 共同控制，是指按照相关约定对某项安排所共有的控制，并且该安排的相关活动必须经过分享控制权的参与方一致同意后才能决策。

本准则所称相关活动，是指对某项安排的回报产生重大影响的活动。某项安排的相关活动应当根据具体情况进行判断，通常包括商品或劳务的销售和购买、金融资产的管理、资产的购买和处置、研究与开发活动以及融资活动等。

第六条 如果所有参与方或一组参与方必须一致行动才能决定某项安排的相关活动，则称所有参与方或一组参与方集体控制该安排。

在判断是否存在共同控制时，应当首先判断所有参与方或参与方组合是否集体控制该安排，其次再判断该安排相关活动的决策是否必须经过这些集体控制该安排的参与方一致同意。

第七条 如果存在两个或两个以上的参与方组合能够集体控制某项安排的，不构成共同控制。

第八条 仅享有保护性权利的参与方不享有共同控制。

第九条 合营安排分为共同经营和合营企业。

共同经营，是指合营方享有该安排相关资产且承担该安排相关负债的合营安排。

合营企业，是指合营方仅对该安排的净资产享有权利的合营安排。

第十条 合营方应当根据其在合营安排中享有的权利和承担的义务确定合营安排的分类。对权利和义务进行评价时应当考虑该安排的结构、法律形式以及合同条款等因素。

第十一条 未通过单独主体达成的合营安排，应当划分为共同经营。

单独主体，是指具有单独可辨认的财务架构的主体，包括单独的法人主体和不具备法人主体资格但法律认可的主体。

第十二条 通过单独主体达成的合营安排，通常应当划分为合营企业。但有确凿证据表明满足下列任一条件并且符合相关法律法规规定的合营安排应当划分为共同经营：

（一）合营安排的法律形式表明，合营方对该安排中的相关资产和负债分别享有权利和承担义务。

（二）合营安排的合同条款约定，合营方对该安排中的相关资产和负债分别享有权利和承担义务。

（三）其他相关事实和情况表明，合营方对该安排中的相关资产和负债分别享有权利和承担义务，如合营方享有与合营安排相关的几乎所有产出，并且该安排中负债的清偿持续依赖于合营方的支持。

不能仅凭合营方对合营安排提供债务担保即将其视为合营方承担该安排相关负债。合营方承担向合营安排支付认缴出资义务的，不视为合营方承担该安排相关负债。

第十三条 相关事实和情况变化导致合营方在合营安排中享有的权利和承担的义务发生变化的，合营方应当对合营安排的分类进行重新评估。

第十四条 对于为完成不同活动而设立多项合营安排的一个框架性协议，企业应当分别确定各项合营安排的分类。

第三章 共同经营参与方的会计处理

第十五条 合营方应当确认其与共同经营中利益份额相关的下列项目，并按照相关企业会计准则的规定进行会计处理：

（一）确认单独所持有的资产，以及按其份额确认共同持有的资产；

（二）确认单独所承担的负债，以及按其份额确认共同承担的负债；

（三）确认出售其享有的共同经营产出份额所产生的收入；

（四）按其份额确认共同经营因出售产出所产生的收入；

（五）确认单独所发生的费用，以及按其份额确认共同经营发生的费用。

第十六条　合营方向共同经营投出或出售资产等（该资产构成业务的除外），在该资产等由共同经营出售给第三方之前，应当仅确认因该交易产生的损益中归属于共同经营其他参与方的部分。投出或出售的资产发生符合《企业会计准则第8号——资产减值》等规定的资产减值损失的，合营方应当全额确认该损失。

第十七条　合营方自共同经营购买资产等（该资产构成业务的除外），在将该资产等出售给第三方之前，应当仅确认因该交易产生的损益中归属于共同经营其他参与方的部分。购入的资产发生符合《企业会计准则第8号——资产减值》等规定的资产减值损失的，合营方应当按其承担的份额确认该部分损失。

第十八条　对共同经营不享有共同控制的参与方，如果享有该共同经营相关资产且承担该共同经营相关负债的，应当按照本准则第十五条至第十七条的规定进行会计处理；否则，应当按照相关企业会计准则的规定进行会计处理。

第四章　合营企业参与方的会计处理

第十九条　合营方应当按照《企业会计准则第2

号——长期股权投资》的规定对合营企业的投资进行会计处理。

第二十条 对合营企业不享有共同控制的参与方应当根据其对该合营企业的影响程度进行会计处理：

（一）对该合营企业具有重大影响的，应当按照《企业会计准则第 2 号——长期股权投资》的规定进行会计处理。

（二）对该合营企业不具有重大影响的，应当按照《企业会计准则第 22 号——金融工具确认和计量》的规定进行会计处理。

第五章 衔接规定

第二十一条 首次采用本准则的企业应当根据本准则的规定对其合营安排进行重新评估，确定其分类。

第二十二条 合营企业重新分类为共同经营的，合营方应当在比较财务报表最早期间期初终止确认以前采用权益法核算的长期股权投资，以及其他实质上构成对合营企业净投资的长期权益；同时根据比较财务报表最早期间期初采用权益法核算时使用的相关信息，确认本企业在共同经营中的利益份额所产生的各项资产（包括商誉）和负债，所确认资产和负债的账面价值与其计税基础之间存在暂时性差异的，应当按照《企业会计准则第 18 号——所得税》的规定进行会计处理。

确认的各项资产和负债的净额与终止确认的长期股权投资以及其他实质上构成对合营企业净投资的长期权益的账面金额存在差额的，应当按照下列规定处理：

（一）前者大于后者的，其差额应当首先抵减与该投资相关的商誉，仍有余额的，再调增比较财务报表最早期间的期初留存收益；

（二）前者小于后者的，其差额应当冲减比较财务报表最早期间的期初留存收益。

第六章　附则

第二十三条　本准则自 2014 年 7 月 1 日起施行。

第二部分
《企业会计准则第40号
——合营安排》应用指南

目　　录

一、总体要求 …………………………………………… 13

二、关于适用范围 ……………………………………… 14

三、关于本准则与其他相关准则的关系 ……………… 15

四、关于合营安排的认定 ……………………………… 16

　（一）合营安排的定义和特征 …………………… 16

　（二）合营安排的认定 …………………………… 18

五、关于合营安排的分类 ……………………………… 32

　（一）单独主体 …………………………………… 33

　（二）合营安排未通过单独主体达成 …………… 33

　（三）合营安排通过单独主体达成 ……………… 35

六、关于重新评估 ……………………………………… 46

七、关于共同经营参与方的会计处理 ………………… 47

　（一）共同经营中，合营方的会计处理 ………… 47

　（二）对共同经营不享有共同控制的参与方的

　　　　会计处理原则 …………………………… 54

八、关于合营企业参与方的会计处理 ………………… 55

九、关于衔接规定 ……………………………………… 55

　（一）与企业会计准则讲解中原有分类的

　　　　比较和衔接 ……………………………… 55

　（二）原合营企业重新分类为共同经营时的

　　　　衔接处理 ………………………………… 57

一、总体要求

《企业会计准则第 40 号——合营安排》（以下简称"本准则"）明确提出了合营安排的定义，规定了合营安排的认定与分类的原则和方法、并规范了各参与方在合营安排中利益份额的会计处理。

本准则明确提出了合营安排的定义。合营安排是一项由两个或两个以上的参与方共同控制的安排。合营安排具有两个特征，一是各参与方均受到该安排的约束；二是两个或两个以上的参与方对该安排实施共同控制，即任何一个参与方都不能够单独控制该安排，对该安排具有共同控制的任何一个参与方均能够阻止其他参与方或参与方组合单独控制该安排。

本准则规定了合营安排的认定与分类的原则和方法。是否存在共同控制是判断一项安排是否为合营安排的关键。共同控制是按照相关约定等分享对一项安排的控制权，并且仅在对相关活动（即对该安排的回报具有重大影响的活动）的决策要求分享控制权的参与方一致同意时才存在。

合营安排分为两类——共同经营和合营企业。共同经营是指共同控制一项安排的参与方享有与该安排相关资产的权利，并承担与该安排相关负债的合营安排。合营企业是共同控制一项安排的参与方仅对该安排的净资产享有权利的合营安排。认定一项安排是合营安排后，应当根据合营方获得回报的方式这一经济实质，来判断该合营安排应当被划分为共同经营还是合营企业。即，如果合营方通过对合营安排的资产享有权利，并对合营安排的义务承担责任来获得回报，则该合营安排应当被划分为共同经营；如果合营方仅对合营安排的净资产享有权利，则该合营安排应当被划分为合营企业。

本准则规范了各参与方在共同经营和合营企业中利益份额的会计处理原则，会计处理上适用其他准则的，本准则做了相应说明。

合营方在合营安排中权益的披露，适用《企业会计准则第41号——在其他主体中权益的披露》（以下简称"在其他主体中权益的披露准则"）及其应用指南（2014）。

二、关于适用范围

本准则适用于符合合营安排定义的各项安排，包括共同经营和合营企业。

值得注意的是，《中外合资经营企业法》中的"合营企业"，是指在中国境内，外方投资者与中国投资者共同举办的企业。该"合营企业"与本准则中所指的"合营企业"并不是一个概念，企业在执行本准则时，应注意避免混淆。

另外，当认定风险资本组织、共同基金、信托公司或包括投连险基金在内的类似主体在合营企业中拥有权益时，考虑到对这些主体所持有的投资以公允价值计量比采用权益法核算能够为财务报表使用者提供更有用的信息，允许这些主体对持有的在合营企业中的权益，按照《企业会计准则第22号——金融工具确认和计量》（以下简称"金融工具确认和计量准则"）以公允价值计量,且其变动计入损益。这种例外规定是计量方面的豁免,而不是将这些主体拥有在合营企业中的权益排除在本准则的范围之外。

三、关于本准则与其他相关准则的关系

当一项安排因不存在共同控制,从而被排除在本准则范围之外时,主体应根据相关企业会计准则,例如,《企业会计准则第2号——长期股权投资》(以下简称"长期股权投资准则")、《企业会计准则第33号——合并财务报表》(以下简称"合并财务报表准则")、金融工具确认和计量准则等相关准则,对其在安排中的权益进行会计处理。本准则与其他相关准则之间的关系如图1所示:

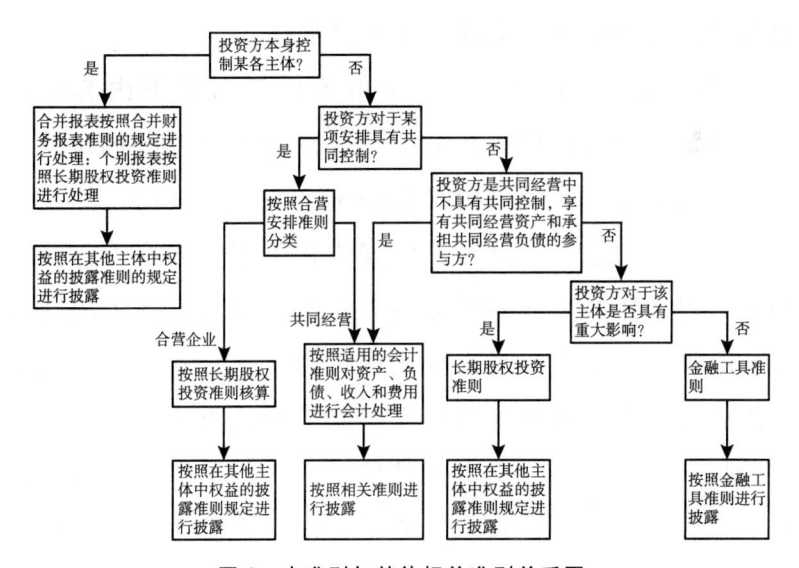

图1 本准则与其他相关准则关系图

四、关于合营安排的认定

(一) 合营安排的定义和特征

合营安排是一项由两个或两个以上的参与方共同控制的安排。

合营安排同时具有以下特征：一是各参与方受到该安排的约束；二是两个或两个以上的参与方对该安排实施共同控制。

1. 各参与方受到该安排的约束

合营安排通过相关约定对各参与方予以约束。相关约定，是指据以判断是否存在共同控制的一系列具有执行力的合约。在形式上，相关约定通常包括合营安排各参与方达成的合同安排，如合同、协议、会议纪要、契约等，也包括对该安排构成约束的法律形式本身。

在内容上，相关约定包括但不限于对以下内容的约定：一是对合营安排的目的、业务活动及期限的约定；二是对合营安排的治理机构（如董事会或类似机构）成员的任命方式的约定；三是对合营安排相关事项的决策方式的约定，包括哪些事项需要参与方决策、参与方的表决权情况、决策事项所需的表决权比例等内容，合营安排相关事项的决策方式是分析是否存在共同控制的重要因素；四是对参与方需要提供的资本或其他投入的约定；五是对合营安排的资产、负债、收入、费用、损益在参与方之间的分配方式的约定。

当合营安排通过单独主体达成时（本指南第五部分将对单独主体进行详细说明），该单独主体所制定的条款、章程或其他法律文件有时会涵盖相关约定的全部或部分内容。

【例1】A公司和B公司共同出资建立了C公司。C公司在章程中规定，C公司的所有重大决策须经A公司和B公司均同意方可做出。除章程之外A公司和B公司并未订立其他协议以管理公司C的活动。

本例中，尽管并不存在另外的协议，但通过C公司的章程本身即涵盖了"相关约定"的内容，可以凭C公司的章程判断C公司是否符合合营安排的定义。

2. 两个或两个以上的参与方对该安排实施共同控制

共同控制不同于控制，共同控制由两个或两个以上的参与方实施，而控制由单一参与方实施。共同控制也不同于重大影响，享有重大影响的参与方只拥有参与安排的财务和经营政策的决策的权力，但并不能够控制或者与其他方一起共同控制这些政策的制定。

【例2】A公司、B公司、C公司对D公司的表决权比例分别为50%、40%及10%。D公司的主要经营活动为医药产品的研发、生产、销售及相关健康产品服务，其最高权力机构为股东会，所有重大决策需要75%以上表决权通过方可做出。

在本例中，A公司、B公司合计拥有D公司90%的表决权，超过了75%的表决权要求，当且仅当A公司、B公司均同意时，D公司的重大决策方能表决通过，C公司的意愿并不能起到影响表决是否通过的决定性作用。因此D公司为一项合营安排，没有任何一方能够单独控制D公司，A公司与B公司对D公司实施共同控制，C公司虽然作为D公司的股东，属于该合营安排的一方，但并不具有共同控制权。

（二）合营安排的认定

要认定一项安排是否为合营安排，需要准确把握"共同控制"、"参与方"等概念。其中，是否存在共同控制是判断一项安排是否为合营安排的关键。

1. 共同控制

共同控制，是指按照相关约定对某项安排所共有的控制，并且该安排的相关活动必须经过分享控制权的参与方一致同意后才能决策。

在判断是否存在共同控制时，应当按照本准则，首先判断是否由所有参与方或参与方组合集体控制该安排，其次再判断该安排相关活动的决策是否必须经过这些参与方一致同意。

相关活动是指对某项安排的回报产生重大影响的活动。某项安排的相关活动应当根据具体情况进行判断，通常包括商品或劳务的销售和购买、金融资产的管理、资产的购买和处置、研究与开发活动以及融资活动等。关于相关活动的更多内容可以参见合并财务报表准则应用指南（2014）。

（1）集体控制

如果所有参与方或一组参与方必须一致行动才能决定某项安排的相关活动，则称所有参与方或一组参与方集体控制该安排。在判断集体控制时，需要注意以下几点：

①集体控制不是单独一方控制。有关控制的判断，应遵循合并财务报表准则及其应用指南（2014）的相关规定。为了确定相关约定是否赋予参与方对该安排的共同控制，主体首先识别该安排的相关活动，然后确定哪些权利赋予参与方主导相关活动的权力。

值得注意的是，"参与方组合"仅泛指参与方的不同联合方式，并不是一个专门的术语。如果某一个参与方能够单独主导该安排中的相关活动，则可能为控制。如果一组参与方或所有参与方联合起来才能够主导该安排中的相关活动，则为集体控制。即，在集体控制下，不存在任何一个参与方能够单独控制某安排的情况，而是由一组参与方或所有参与方联合起来才能控制该安排。

【例3】假设A公司、B公司、C公司、D公司共同设立E公司，并分别持有E公司60%、20%、10%和10%的表决权股份。协议约定，E公司相关活动的决策需要50%以上表决权通过方可做出。

本例中，E公司的表决权安排使得A公司能够单独主导E公司的相关活动，只要A公司享有E公司的可变回报并有能力运用其权力影响E公司的可变回报，A公司无需与其他参与方联合，即可控制E公司。因此，E公司是A公司的子公司，而不是一项合营安排。

②尽管所有参与方联合起来一定能够控制该安排，但集体控制下，集体控制该安排的组合指的是那些既能联合起来控制该安排，又使得参与方数量最少的一个或几个参与方组合。

【例4】假设A公司、B公司、C公司、D公司分别持有E公司40%、30%、20%和10%的表决权股份，E公司相关活动的决策需要85%以上表决权通过方可做出。

本例中，E公司的表决权安排使得：

(a) A公司、B公司、C公司、D公司任何一方均不能单独控制E公司。

(b) 参与方组合可能的形式有：A公司和B公司，A公司和C公司，A公司和D公司，B公司和C公司，B公司和D公司，C公司和D公司，A公司、B公司、C公司，

A公司、B公司、D公司，A公司、C公司、D公司，B公司、C公司、D公司，A公司、B公司、C公司、D公司。在这些参与方组合中，尽管所有参与方（A公司、B公司、C公司、D公司）联合起来必然能够控制E公司，但A公司、B公司、C公司联合起来即可控制E公司，且A公司、B公司、C公司是联合起来能够控制E公司的参与方数量最少的组合。因此，称A公司、B公司、C公司集体控制E公司，而不是A公司、B公司、C公司、D公司集体控制E公司。

【例5】沿用【例4】资料，所不同的是，假定E公司相关活动的决策需要95%以上表决权通过方可做出。

本例中，E公司的表决权安排使得①A公司、B公司、C公司、D公司任何一方均不能单独控制E公司；②必须由所有参与方（A公司、B公司、C公司、D公司）联合起来才能控制E公司，且所有参与方是联合起来能够控制E公司的参与方数量最少的组合。因此，称所有参与方集体控制E公司。

③能够集体控制一项安排的参与方组合很可能不止一个。

【例6】假定一项安排涉及三方：A公司在该安排中拥有50%的表决权股份，B公司和C公司各拥有25%的表决权股份。A公司、B公司、C公司之间的相关约定规定，该安排相关活动决策至少需要75%的表决权通过方可做出。

尽管A公司拥有50%的表决权，但是A公司没有控制该安排，因为A公司对安排的相关活动做出决策需要获得B公司或C公司的同意。在本例中，A公司和B公司的组合或A公司和C公司的组合均可集体控制该安排。这样，存在多种参与方之间的组合能够达到75%表决权的要求。在此情况下，该安排要成为合营安排，需要在相关约定中指明哪些参与方一致同意才能对相关活动做出决策。

（2）有关相关活动的决策

主体应当在确定是由参与方组合集体控制该安排，而不是某一参与方单独控制该安排后，再判断这些集体控制该安排的参与方是否共同控制该安排。当且仅当相关活动的决策要求集体控制该安排的参与方一致同意时，才存在共同控制。

存在共同控制时，有关合营安排相关活动的所有重大决策必须经分享控制权的各方一致同意。一致同意的规定保证了对合营安排具有共同控制的任何一个参与方均可以阻止其他参与方在未经其同意的情况下就相关活动单方面做出决策。

"一致同意"中，并不要求其中一方必须具备主动提出议案的权力，只要具备对合营安排相关活动的所有重大决策予以否决的权力即可；也不需要该安排的每个参与方都一致同意，只要那些能够集体控制该安排的参与方意见一致，就可以达成一致同意。

【例7】A公司与B公司各持有C公司50%的表决权，C公司的主要经营活动为研究和开发前沿新药。根据C公司的章程以及A公司、B公司之间签订的合资协议，C公司的最高权力机构为董事会。董事会由5名董事组成，其中A公司派出4名代表，其中1名代表任董事长，B公司派出1名代表。所有相关活动的决策需要2/3以上董事表决通过方可做出。但是，B公司派出的董事对所有重大事项具备一票否决权。由于A公司自身为新药研发行业内的领先企业，具备丰富的行业知识，而B公司自身的主要经营范围并非新药研发领域，因此，除财务总监由B公司派出外，C公司包括总经理、研发总监在内的其他高级管理人员均由A公司派出。

本例中，虽然A公司派出的董事人数为4人，超过董事总人数的2/3，然而鉴于B公司的董事对C公司的重大事项具有一票否决权，因此，A公司不能单方面控制C公司，而是与B公司一起对C公司实施共同控制。

实务中，各参与方不乏采取签署"一致行动协议"的方式，以实现共同控制。

【例8】A公司、B公司、C公司对D公司的表决权比例分别为30%、21%及49%。D公司的主要经营活动为码头货物的装卸、仓储及场地租赁服务，其最高权力机构为股东会，相关活动的决策需要半数以上表决权通过方可做出。此外，A公司、B公司签订了一致行动协议，约定对D公司的重大事项进行表决时，A公司、B公司均应一致行动。

本例中，A公司、B公司就D公司的相关活动的重大决议签订了一致行动协议，从而使得A公司、B公司合起来拥有D公司51%的表决权，因此，A公司、B公司实际上共同控制了D公司。

在判断"一致行动协议"是否构成共同控制时，还需要考虑其他投资方持有表决权的分散程度。

【例9】A公司和B公司各持有C公司24%的表决权。C公司剩余52%的表决权分布极为分散，没有任何一个其他股东持有超过1%的表决权，C公司历史上从未发生除A公司和B公司外的超过20%的表决权股东联合进行决策的情况。C公司相关活动的决策需要50%以上的表决权通过方可做出。A公司和B公司签订了一致行动协议，约定对

C公司的重大事项进行表决时，A公司、B公司均应一致行动。

本例中，尽管A公司和B公司合计只持有C公司48%的表决权，但C公司剩余表决权分布极为分散，因此，按照合并财务报表准则中当投资方拥有半数以下表决权时考虑表决权的相对份额大小以及其他股东持有表决权的分散程度等来判断控制的指引，A公司与B公司能够集体控制C公司，同时，由于A公司与B公司签订了一致行动协议，A公司和B公司对C公司存在共同控制，C公司构成合营安排。

【例10】沿用【例8】资料，所不同的是，A公司和B公司并未签订一致行动协议。

本例中，由于A公司和B公司并没有签订一致行动协议，因此，双方之间不存在一致同意，不具有共同控制。此时，A公司和B公司很可能各自对C公司具有重大影响。

值得注意的是，"一致行动协议"并不一定表明存在共同控制，在某些情况下可能是某一参与方实际获得了控制权。

【例11】沿用【例8】资料，所不同的是，A公司、B公司在一致行动协议中约定，对C公司的重大事项进行表决时，B公司充分尊重A公司的意愿，如果双方意见不一致的，B公司将按照A公司的意见行使表决权。

本例中，虽然A公司、B公司就C公司的相关活动的重大决议签订了一致行动协议。然而，由于B公司根据协议始终必须跟随A公司行使表决权，A公司自身能够单方面采取行动以控制C公司的相关活动，因此，该安排的实质为A公司对C公司具有控制权。

有时，相关约定中设定的决策方式也可能暗含需要达成一致同意。例如，假定两方建立一项安排，在该安排中双方各持有50%的表决权。双方约定，对相关活动做出决策至少需要51%的表决权。在这种情况下，意味着双方同意共同控制该安排，因为如果没有双方的一致同意，就无法对相关活动做出决策。

当相关约定中设定了就相关活动做出决策所需的最低表决权比例时，若存在多种参与方的组合形式均能满足最低表决权比例要求的情形，则该安排就不是合营安排；除非相关约定明确指出，需要其中哪些参与方一致同意才能就相关活动做出决策。

【例12】假定一项安排涉及三方：A公司、B公司、C公司在该安排中拥有的表决权分别为50%，30%和20%。A公司、B公司、C公司之间的相关约定规定，相关活动的决策需要75%以上的表决权通过方可做出。

在本例中，A公司和B公司是能够集体控制该安排的唯一组合，当且仅当A公司、B公司一致同意时，该安排的相关活动决策方能表决通过。因此A公司、B公司对安排具有共同控制权。

如果存在两个或两个以上的参与方组合能够集体控制某项安排的，不构成共同控制。即，共同控制合营安排的参与方组合是唯一的。

【例13】A公司、B公司、C公司、D公司各持有E公司25%的表决权。E公司的主要经营活动为房屋建筑工程总承包、设计及专业施工，其最高权力机构为股东会，相关活动的决策需要60%以上的表决权通过方可做出。

本例中，E公司的表决权安排使得A公司、B公司、C公司、D公司中的任意3个同意即可做出决定，共存在4

个参与方组合可以做出相关活动的决策（即集体控制），即 A 公司、B 公司、C 公司组合，A 公司、B 公司、D 公司组合、B 公司、C 公司、D 公司组合以及 A 公司、C 公司、D 公司组合，任意一种组合均可能表决通过。由于并不存在需要集体控制 E 公司的参与方一致同意后才能决策的情况（例如，A 公司、B 公司、C 公司能够集体控制 E 公司，但 B 公司和 C 公司也可以选择和 D 公司联合，并不是必须征得 A 公司同意才能做出决策，如果 B 公司、C 公司、D 公司联合做出决策，A 公司并没有权力去否决该决策，同理，B 公司并没有权力去否决 A 公司、C 公司和 D 公司联合做出的决策，C 公司并没有权力去否决 A 公司、B 公司和 D 公司联合做出的决策，D 公司并没有权力去否决 A 公司、B 公司和 C 公司联合做出的决策），因此，E 公司并非合营安排，A 公司、B 公司、C 公司、D 公司并不对 E 公司具有共同控制权。但由于 A 公司、B 公司、C 公司、D 公司对 E 公司的持股比例高于 20%，在不存在其他相反证据的情况下，A 公司、B 公司、C 公司、D 公司对 E 公司均被推定为具有重大影响。

【例6】、【例12】、【例13】的分析汇总如下：

	【例6】	【例12】	【例13】
最低表决权比例要求	至少 75% 的表决权才能做出相关活动决策	75% 以上的表决权才能做出相关活动决策	60% 以上的表决权才能做出相关活动决策
参与方 A 公司	持有 50% 的表决权	持有 50% 的表决权	持有 25% 的表决权
参与方 B 公司	持有 25% 的表决权	持有 30% 的表决权	持有 25% 的表决权
参与方 C 公司	持有 25% 的表决权	持有 20% 的表决权	持有 25% 的表决权
参与方 D 公司	—	—	持有 25% 的表决权

续表

	【例6】	【例12】	【例13】
结论	不是共同控制——多种参与方的组合（A公司和B公司，或A公司和C公司）均可以集体控制该安排。而相关约定并未明确指出哪些参与方必须同意，所以不存在一致同意，不构成共同控制，A公司、B公司、C公司对该安排均被推定为具有重大影响，应按权益法进行会计处理。	是共同控制——A公司和B公司能够集体控制该安排（只有A公司和B公司的表决权之和才能满足要求）。由于A公司和B公司是能够集体控制该安排的唯一组合，该安排的相关活动必须经过A公司和B公司一致同意后才能决策。	不是共同控制——多种参与方的组合（A公司、B公司、C公司、D公司中的任意三方组合）均可以集体控制该安排。而相关约定并未明确指出哪些参与方必须同意，所以不存在一致同意，不构成共同控制。A公司、B公司、C公司、D公司对该安排均被推定为具有重大影响，应按权益法进行会计处理。

通过对【例6】、【例12】、【例13】的汇总分析，可见，存在集体控制仅说明该安排中，不存在任何一方单独控制该安排的情况。要想达到共同控制，还需要在集体控制的基础上，判断该安排相关活动的决策是否必须经过这些集体控制该安排的参与方一致同意才可做出。一般而言，如果一项安排仅存在一组参与方能够集体控制，该集体控制为共同控制。

在一项安排中，某一参与方可能被任命来管理该安排的日常运行。如果该安排的相关活动需要由各参与方共同做出决定，而且管理方在这一决定的框架内行事，则任何一个参与方作为管理方均不会影响该安排是合营安排的判断。但是，如果管理方能够单方面就该安排的相关活动做出决定，从而拥有对该安排的权力，通过参与该安排的相关活动而享有可变回报，并且有能力运用对该安排的权力影响其回报金额，则该管理方单方控制该安排，而不是和其他参与方共同控制该安排，该安排不是合营安排。

【例 14】A 公司是一家房地产公司，C 公司是其旗下一家持有若干写字楼产权的全资子公司。A 公司将 C 公司股权的 50% 出售给一家投资银行 B 公司。A 公司与 B 公司签订协议：①由于 A 公司具有丰富的房地产管理经验，A 公司继续充当 C 公司的资产管理人并按照 C 公司的资产规模每年收取固定比例的管理费；②涉及 C 公司的相关活动的决策均须 A 公司和 B 公司一致同意方可做出，且 A 公司管理 C 公司时，必须在 A 公司和 B 公司共同做出的决策的框架内行事；③A 公司与 B 公司按照各自的持股比例分享收益和承担亏损。

本例中，尽管 A 公司继续充当 C 公司的资产管理人，但是 A 公司必须和 B 公司达成一致方能就 C 公司的相关活动做出决策，而且 A 公司必须按照 A 公司和 B 公司共同做出的决定对 C 公司进行运营管理，因此，A 公司不能单独控制 C 公司，而是和 B 公司共同控制 C 公司。

【例 15】沿用【例 14】资料，所不同的是，A 公司、C 公司和 B 公司约定，B 公司并不参与 C 公司的决策制定，A 公司单方面即可对 B 公司的相关活动做出决策；投资 3 年后，A 公司将向 B 公司回购其持有的 C 公司 50% 股权，回购价格为 B 公司投资额的 120%。

本例中，B 公司尽管拥有 C 公司 50% 的股权，但其投资目的并不是参与 C 公司的运营，而是于投资 3 年后获得一笔固定回报。A 公司单方面即可对 B 公司的相关活动做出决策，拥有对 B 公司的控制权。因此，C 公司不是一项合营安排，而是 A 公司的子公司。

(3) 争议解决机制

在分析合营安排的各方是否共同分享控制权时，要关注对于争议解决机制的安排。相关约定可能包括处理纠纷的条款，例如仲裁。这些条款可能允许具有共同控制权的各参与方在没有达成一致意见的情况下进行决策。这些条款的存在不会妨碍该安排构成共同控制的判断，因此，也不会妨碍该安排成为合营安排。但是，值得注意的是，如果在各方未就相关活动的重大决策达成一致意见的情况下，其中一方具备"一票通过权"或者潜在表决权等特殊权力，则需要仔细分析，很可能具有特殊权力的一方实质上具备控制权。

【例16】A公司与B公司各持有C公司50%的股权，C公司的主要经营活动为家用电器、电子产品及配件等的连锁销售和服务。根据C公司的章程以及A公司、B公司之间签订的合资协议，C公司的最高权力机构为股东会。所有重大事项均须A公司、B公司派出的股东代表一致表决通过。如若双方经过合理充分协商仍无法达成一致意见时，A公司股东代表享有"一票通过权"，即最终以A公司的股东代表的意见为最终方案。

本例中，由于A公司实质上可以单方面主导C公司相关活动的决策，因此A公司具有控制权，C公司并非合营安排。

在分析争议解决机制时，还需要关注参与方是否拥有期权等潜在表决权。

【例17】沿用【例16】资料，所不同的是，A公司并不享有"一票通过权"而是持有购买B公司持有的C公司全部50%股权的期权。当A公司、B公司双方经过合理充分协商仍无法达成一致意见时，A公司可以随时行使该期权。期权的行权价格以行权时点C公司股权的公允价值为依据确定。

本例中,当A公司、B公司意见不一致时,A公司可以随时通过买断B公司持有的C公司股权的方式,使A公司的决定得到通过,且期权的行权价格和条件并未被设定为具有实质性障碍。在这种情况下,若无其他相反证据,A公司实质上对C公司具有控制权。

有时,协议中可能约定,各参与方意见均不一致时,哪个参与方拥有最终决策权。在判断合营安排的合营方时,也需要考虑最终决策者,但最终决策者未必就是控制方。

【例18】 A公司、B公司、C公司共同出资设立了D公司。董事会是D公司的决策制定机构,A公司、B公司、C公司在D公司董事会中各占一个席位。协议约定规定,D公司相关活动决策须经董事会至少两票才能通过,如果A公司、B公司、C公司意见均不一致(如A公司、B公司、C公司对D公司未来5年应重点投资某个领域各自有不同看法),A公司具有最终决策权。

本例中,由于存在多种参与方组合能够集体控制D公司,并且协议没有明确指出具体哪些参与方必须同意,决策才能达成,因而不存在共同控制D公司的参与方组合,D公司不是一项合营安排。同时,尽管A公司、B公司、C公司意见均不一致时,A公司具有最终决策权,但如果B公司和C公司达成一致意见,即可做出决策。因此,A公司的最终决策权是有条件的,A公司并不拥有对D公司的控制权。

(4)仅享有保护性权利的参与方不享有共同控制

保护性权利,是指仅为了保护权利持有人利益却没有赋予持有人对相关活动进行决策的一项权利。保护性权利通常只能在合营安排发生根本性改变或某些例外情况发生时才能够行使，它既没有赋予其持有人对合营安排拥有权力，也不能阻止其他参与方对合营安排拥有权力。值得注意的是，对于某些安排，相关活动仅在特定情况或特定事项发生时开展，例如，某些安排在设计时就确定了安排的活动及其回报，在特定情况或特定事项发生之前不需要进行重大决策。这种情况下，权利在特定情况或特定事项发生时方可行使并不意味该权利是保护性权利。

如果一致同意的要求仅仅与向某些参与方提供保护性权利的决策有关，而与该安排的相关活动的决策无关，那么拥有该保护性权利的参与方不会仅仅因为该保护性权利而成为该项安排的合营方。因此，在评估参与方能否共同控制合营安排时，必须具体区别参与方持有的权利是否为保护性权利，该权利不影响其他参与方控制或共同控制该安排。

【例19】A公司、B公司、C公司签订了一份合同，设立某法人主体从事汽车的生产和销售。合同中规定，A公司、B公司一致同意即可主导该主体的所有相关活动，并不需要C公司也表示同意，但若主体资产负债率达到50%，C公司具有对该主体公开发行债券或权益工具的否决权。

本例中，由于公开发行债券或权益工具通常代表了该主体经营中的根本性改变，因而是保护性权利。由于合同明确规定需要A公司和B公司的一致同意才能主导该主体的相关活动，因而A公司和B公司能够共同控制该主体。尽管C公司也是该主体的参与方，但由于C公司仅对该主体拥有保护性权利，因此C公司不是共同控制该主体的参与方。

（5）一项安排的不同活动可能分别由不同的参与方或参与方组合主导

在不同阶段，一项安排可能发生不同的活动，从而导致不同参与方可能主导不同相关活动，或者共同主导所有相关活动。

不同参与方分别主导不同相关活动时，相关的参与方需要分别评估自身是否拥有主导对回报产生最重大影响的活动的权利，从而确定是否能够控制该项安排，而不是与其他参与方共同控制该项安排。

（6）综合评估多项相关协议

有时，一项安排的各参与方之间可能存在多项相关协议。在单独考虑一份协议时，某参与方可能对合营安排具有共同控制，但在综合考虑该安排的目的和设计的所有情况时，该参与方实际上不一定对该安排并不具有共同控制。因此，在判断是否存在共同控制时，需要综合考虑该多项相关协议。

【例20】A公司、B公司、C公司、D公司签订一项协议M，共同进行汽车的生产和销售，并成立了一个委员会O，主导有关生产和销售汽车的所有重大事项，如年度预算的复核审批、经理层任命、营销策略等。A公司、B公司、C公司、D公司各在该委员会中占据一个席位，委员会的决策要求所有成员的一致同意。

同时，A公司和B公司签订了协议N，并成立委员会P，用于协调A公司和B公司之间关于汽车生产和销售的所有重大事项。委员会P的两名成员分别由A公司和B公司任命。委员会P有权做出决策，并提交到委员会O审批。委员会P决定的任何事项都要经过A公司和B公司的一致同意，但是，如果A公司和B公司不能达成一致，则A拥有决定权。A公司和B公司必须按照委员会P做出的决策在委员会O中进行投票。

本例中，存在两份单独的协议M和N。但是，由于这两份协议与汽车的生产和销售这同一项活动相关，因此，参与方应同时评估协议M和N，从而确定是否存在合营安排。例如，如果单独考虑协议M，似乎A公司、B公司、C公司、D公司共同控制该安排。但是，协议M与协议N一并考虑时，发现A公司能够通过协议P主导B公司在委员会P中的投票，因此，B公司是A公司的事实代理人，对该安排不具有共同控制。只有A公司、C公司、D公司对该合营安排具有共同控制。

2. 合营安排中的不同参与方

只要两个或两个以上的参与方对该安排实施共同控制，一项安排就可以被认定为合营安排，并不要求所有参与方都对该安排享有共同控制。对合营安排享有共同控制的参与方（分享控制权的参与方）被称为"合营方"；对合营安排不享有共同控制的参与方被称为"非合营方"。例如，根据上述共同控制的判断，我们可以发现，在【例4】中，E公司为一项合营安排，A公司、B公司、C公司为E公司的合营方、D公司为E公司的非合营方。

五、关于合营安排的分类

合营安排分为共同经营和合营企业。共同经营，是指合营方享有该安排相关资产且承担该安排相关负债的合营安排。合营企业，是指合营方仅对该安排的净资产享有权利的合营安排。合营方应当根据其在合营安排的正常经营中享有的权利和承担的义务，来确定合营安排的分类。对权利和义务进行评价时，应当考虑该合营安排的结构、法律形式以及合营安排中约定的条款、其他相关事实和情况等因素。

合营安排是为不同目的而设立的（例如，参与方为了共同承担成本和风险，或者参与方为了获得新技术或新市场），可以采用不同的结构和法律形式。一些安排不要求采用单独主体的形式开展其活动，另一些安排则涉及构造单独主体。在实务中，主体可以从合营安排是否通过单独主体达成为起点，判断一项合营安排是共同经营还是合营企业。

（一）单独主体

本准则中的单独主体（下同），是指具有单独可辨认的财务架构的主体，包括单独的法人主体和不具备法人主体资格但法律所认可的主体。单独主体并不一定要具备法人资格，但必须具有法律所认可的单独可辨认的财务架构，确认某主体是否属于单独主体必须考虑适用的法律法规。

具有可单独辨认的资产、负债、收入、费用、财务安排和会计记录，并且具有一定法律形式的主体，构成法律认可的单独可辨认的财务架构。合营安排最常见的形式包括有限责任公司、合伙企业、合作企业等。某些情况下，信托、基金也可被视为单独主体。

（二）合营安排未通过单独主体达成

当合营安排未通过单独主体达成时，该合营安排为共同经营。在这种情况下，合营方通常通过相关约定享有与该安排相关资产的权利、并承担与该安排相关负债的义务，同时，享有相应收入的权利、并承担相应费用的责任，因此该合营安排应当划分为共同经营。

【例21】A公司、B公司、C公司建立了一项共同制造汽车的安排。协议约定：该安排相关活动的决策需要A公司、B公司、C公司一致同意方可做出；A公司负责生产并安装汽车发动机，B公司负责生产汽车车身和底盘，C公司负责生产其他部件并进行组装；A公司、B公司、C公司负责各自部分的成本费用，如人工成本、生产成本等；汽车实现对外销售后，A公司、B公司、C公司各自获得销售收入的1/3。

本例中，由于关于该安排相关活动的决策需要A公司、B公司、C公司一致同意方可做出，所以A公司、B公司、C公司共同控制该安排，该安排为合营安排。由于A公司、B公司、C公司只是各自负责汽车制造的相应部分，并未成立一个单独主体，因此该合营安排不可能是合营企业，只可能是共同经营。

【例22】A公司、B公司、C公司各自购买了一栋酒店式公寓的部分房屋产权，分别占该公寓房屋总面积的30%、30%、40%，并该酒店式公寓用于出租。协议约定：①关于该酒店式公寓的相关活动，如物业管理公司的任免、资本性支出、重要的租赁协议的签订等，必须由A公司、B公司、C公司一致同意方可做出；②该酒店式公寓的相关费用和营运债务由A公司、B公司、C公司按照产权比例分担；③租金收益在A公司、B公司、C公司之间按照产权比例分配。

本例中，由于关于该安排相关活动的决策需要A公司、B公司、C公司一致同意方可做出，所以A公司、B

公司、C公司共同控制该安排，该安排为合营安排。该合营安排并未通过单独主体达成，因此该合营安排不可能是合营企业，只可能是共同经营。同时，A公司、B公司、C公司直接拥有该酒店式公寓的产权，并按照产权比例承担债务、分享收入、分担成本，也表明该合营安排是共同经营。

（三）合营安排通过单独主体达成

如果合营安排通过单独主体达成，在判断该合营安排是共同经营还是合营企业时，通常首先分析单独主体的法律形式，法律形式不足以判断时，将法律形式与合同安排结合进行分析，法律形式和合同安排均不足以判断时，进一步考虑其他事实和情况。

1. 分析单独主体的法律形式

各参与方应当根据该单独主体的法律形式，判断该安排是赋予参与方享有与安排相关资产的权利、并承担与安排相关负债的义务，还是赋予参与方享有该安排的净资产的权利。也就是说，各参与方应当依据单独主体的法律形式判断是否能将参与方和单独主体分离。例如，各参与方可能通过单独主体执行合营安排，单独主体的法律形式决定在单独主体中的资产和负债是单独主体的资产和负债，而不是各参与方的资产和负债。在这种情况下，基于单独主体的法律形式赋予各参与方的权利和义务，可以初步判定该项安排是合营企业。

在各参与方通过单独主体达成合营安排的情形下，当且仅当单独主体的法律形式没有将参与方和单独主体分离（即单独主体持有的资产和负债是各参与方的资产和负债）时，基于单独主体的法律形式赋予参与方权利和义务的判断，足以说明该合营安排是共同经营。

通常，单独主体的资产和负债很可能与参与方在法律形式上明显分割开来。例如，根据《中华人民共和国公司法》（以下简称"《公司法》"）的有关规定，"公司是企业法人，有独立的法人财产，享有法人财产权。公司以其全部财产对公司的债务承担责任。有限责任公司的股东以其认缴的出资额为限对公司承担责任；股份有限公司的股东以其认购的股份为限对公司承担责任。"因此，当一项合营安排是按照《公司法》设立的有限责任公司或者股份有限公司时，其法律形式将合营安排对资产的权利和对负债的义务与该安排的参与方明显分割开来。

【例23】A公司和B公司均为建筑公司。A公司和B公司签订了一项合同，以共同完成一项与政府之间的合同，即设计并建造两个城市间的一条道路。在合同中，A公司和B公司明确了各自的参与份额，并明确了双方共同控制该安排，合同安排的主要事项是向政府移交建造完成的道路。

A公司和B公司成立了一个单独主体C，通过C具体实施该安排。C代表A公司和B公司与政府签订合同，并向政府提供建造服务。此外，有关该安排的资产和负债由C持有。假定C的法律形式的主要特征是A公司和B公司，而不是C，拥有该安排的资产，并承担该安排的负债。

A公司和B公司还在合同中约定：①A公司和B公司根据其在该安排中的参与份额分享该安排相关活动所需的全部资产的相应权利；②A公司和B公司根据其在该安排中的参与份额承担该安排的各项债务；③A公司和B公司根据其在该安排中的参与份额分享由该安排相关活动产生

的损益。

本例中，该安排通过单独主体达成，该单独主体的法律形式没有将参与方与单独主体分离开来（即主体 C 持有的资产和负债是 A 公司和 B 公司的资产和负债）。此外，A 公司和 B 公司在合同中强调了这项规定，即合同规定 A 公司和 B 公司拥有通过主体 C 实施的安排的资产，并承担其负债。因此，该合营安排是共同经营。

2. 分析合同安排

当单独主体的法律形式并不能将合营安排的资产的权利和对负债的义务授予该安排的参与方时，还需要进一步分析各参与方之间是否通过合同安排赋予该安排的参与方对合营安排资产的权利和对合营安排负债的义务。合同安排中常见的某些特征或者条款可能表明该安排为共同经营或者合营企业。共同经营和合营企业的一些普遍特征的比较包括但不限于下表所列：

表1　　　　　　　共同经营和合营企业对比表

对比项目	共同经营	合营企业
合营安排的条款	参与方对合营安排的相关资产享有权利并对相关负债承担义务。	参与方对与合营安排有关的净资产享有权利，即单独主体（而不是参与方），享有与安排相关资产的权利，并承担与安排相关负债的义务。
对资产的权利	参与方按照约定的比例分享合营安排的相关资产的全部利益（例如，权利、权属或所有权等）。	资产属于合营安排自身，参与方并不对资产享有权利。

续表

对比项目	共同经营	合营企业
对负债的义务	参与方按照约定的比例分担合营安排的成本、费用、债务及义务。第三方对该安排提出的索赔要求，参与方作为义务人承担赔偿责任。	合营安排对自身的债务或义务承担责任。参与方仅以其各自对该安排认缴的投资额为限对该安排承担相应的义务。合营安排的债权方无权就该安排的债务对参与方进行追索。
收入、费用及损益	合营安排建立了各参与方按照约定的比例（例如按照各自所耗用的产能比例）分配收入和费用的机制。某些情况下，参与方按约定的份额比例享有合营安排产生的净损益不会必然使其被分类为合营企业，仍应当分析参与方对该安排相关资产的权利以及对该安排相关负债的义务。	各参与方按照约定的份额比例享有合营安排产生的净损益。
担保	参与方为合营安排提供担保（或提供担保的承诺）的行为本身并不直接导致一项安排被分类为共同经营。	

有时，法律形式和合同安排均表明一项合营安排中的合营方反对该安排的净资产享有权利，此时，若不存在相反的其他事实和情况，该合营安排应当被划分为合营企业。

【例24】A公司和B公司均为房地产公司。为并购和经营一家购物中心，A公司和B公司成立了一个进行项目管理的单独主体C。假定主体C的法律形式使得主体C（而不是A公司和B公司）拥有与该安排相关的资产，并承担相关负债。相关活动包括零售单元的出租、停车位的管理、购物中心及电梯等设备的维护、购物中心整体声誉和客户关系的建立等。

协议中约定：①主体C相关活动的决策需要A公司和B公司一致同意方可做出；②主体C拥有该购物中心，A公司和B公司并不对该购物中心拥有产权；③A公司和B公司不承担主体C的债务或其他义务。如果主体C不能偿还其债务，或者不能清偿第三方的义务，A公司和B公司对第三方承担的负债仅限于A公司和B公司未支付的出资额部分；④A公司和B公司有权出售或抵押其在主体C中的权益；⑤A公司和B公司根据其在主体C中的权益份额分享购物中心经营净损益。

本例中，A公司和B公司共同控制主体C，主体C是一项合营安排，而且是一项通过单独主体达成的合营安排。主体C的法律形式使其在自身立场上考虑问题（即主体C持有的资产和负债是其自身的资产和负债，不是A公司和B公司的资产和负债）。此外，协议表明，A公司和B公司拥有主体C净资产的权利，而不是拥有主体C资产的权利，并承担主体C负债义务，而且也没有其他事实和情形表明参与方实质上享有与该安排相关资产的几乎所有经济利益，并承担与该安排相关的负债义务。因此，该合营安排是合营企业。A公司和B公司将其在主体C净资产中的权利确认为一项长期股权投资，按照权益法进行会计处理。

【例25】为积极参与国际竞争，电信运营公司A计划进入B国市场拓展业务。由于B国法律不允许外国公司控制该国电信运营公司。A公司与B国的本土公司C各出资50%一起在B国设立了单独主体D，以进入B国市场。B国法律规定，主体D必须独立拥有资产，并独立承担负债，即主体D的资产和负债需要与投资方的资产和负债分离开来。A公司和C公司签订的协议约定：①关于主体D的所有相关活动的决策均须A公司和C公司共同做出；②主体D的资产为单独主体D所有，A公司和C公司均不得出售、质押、转移或抵押这些资产；③A公司和C公司仅以出资额为限承担对主体D的义务；④主体D实现的利润按照出资比例在A公司和C公司之间分配。

本例中，A公司和C公司之间的安排通过单独主体D达成。按照B国法律，主体D的法律形式将主体D的所有者（A公司和C公司）与主体D进行了分离，主体D的资产和负债被限定在主体D之内，A公司和C公司仅以出资额为限对主体D的债务承担责任。A公司与C公司的相关合同约定也表明其对于主体D的净资产享有权利。因此，从法律形式和相关合同约定进行分析，可以判断主体D是合营企业，而不是共同经营。

有时，仅从法律形式判断，一项合营安排符合共同经营的特征，但是，综合考虑合同安排后，合营方享有该合营安排相关资产并且承担该安排相关负债，此时，该合营安排应当被划分为共同经营。

【例26】A公司、B公司均为石油公司，双方在D国成立了单独主体C，以共同在D国进行石油及天然气的勘探、开发和生产。A公司、B公司共同控制主体C。主体C的法律形式将主体C的资产、负债与A公司及B公司分隔开来。A公司、B公司及主体C签订协议，规定A公司与B公司按照各自在主体C的出资比例分享主体C的资产，分担主体C的成本、费用及负债。D国法律认可该合同约定。

本例中，合营安排通过单独主体构建，单独主体的法律形式没有把单独主体资产的权利、负债的义务授予合营方，即，单独主体的法律形式初步表明，该安排为合营企业。进一步分析，根据 A 公司、B 公司及主体 C 之间的协议，A 公司、B 公司对主体 C 的相关资产享有权利，并对相关负债承担义务，并且该协议符合相关法律法规的规定，因此，该安排为共同经营。

合营安排各参与方可能为合营安排提供担保。例如，合营安排的某个参与方可能向第三方承诺以下事项：合营安排向第三方提供的服务将满足一定质量或性质要求；合营安排将偿还从第三方获取的资金；该参与方在合营安排处于困境时向该安排提供支持。

值得注意的是，不能仅凭合营方对合营安排提供债务担保即将其视为合营方承担该安排相关负债。担保所赋予担保人的是对被担保人债务的次级义务，而非首要义务，因此，担保不是承担债务义务的决定性因素。如果担保提供方在被担保人违约时须付款或履行责任，这可能表明相关事实和情况发生了变化，或者可能伴随该安排的合同条款发生了变化。这些变化可能引起对该安排是否仍具有共同控制的重新评估。另外，合营方承担向合营安排支付认缴出资义务的，不视为合营方承担该安排相关负债。

3. 分析其他事实和情况

如果一项安排的法律形式与合同安排均没有将该安排的资产的权利和对负债的义务授予该安排的参与方，则应考虑其他事实和情况，包括合营安排的目的和设计，其与参与方的关系及其现金流的来源等。在某些情况下，合营安排设立的主要目的是为参与方提供产出，这表明参与方可能按照约定实质上享有合营安排所持资产几乎全部的经济利益。这种安排下，参与方根据相关合同或法律约定有购买产出的义务,并往往通过阻止合营安排将其产出出售给其他第三方的方式来确保参与方能获得产出。这样,该安排产生的负债实质上是由参与方通过购买产出支付的现金流量而得以清偿。因此,如果参与方实质上是该安排持续经营和清偿债务所需现金流的唯一来源,这表明参与方承担了与该安排相关的负债。综合考虑该合营安排的其他相关事实和情况,表明参与方实质上享有合营安排所持资产几乎全部的经济利益,合营安排所产生的负债的清偿实质上也持续依赖于向参与方收取的产出的销售现金流,该合营安排的实质为共同经营。

在区分合营安排的类型时,需要了解该安排的目的和设计。如果合营安排同时具有以下特征,则表明该安排是共同经营:①各参与方实质上有权享有,并有义务接受由该安排资产产生的几乎所有经济利益(从而承担了该经济利益的相关风险,如价格风险、存货风险、需求风险等),如该安排所从事的活动主要是向合营方提供产出等;②持续依赖于合营方清偿该安排活动产生的负债,并维持该安排的运营。

【例27】A公司、B公司均从事汽车装配和销售业务,为了保障正常装配过程中对于汽车座椅配件的供应并节约成本,A公司、B公司共同出资设立C公司专门生产汽车座椅配件,A公司和B公司各占C公司50%的股权,对C公司实施共同控制。协议约定:①A公司、B公司均需按其持股比例购买C公司生产的所有产品,采购价格以原材料成本、加工毛利及利息支出之和为基础定价,以恰好弥补C公司的运营、筹资等成本费用;②除A公司、B公司外,C公司不得将其产品出售给其他方;③A公司、B公司按出资比例享有C公司的净利润以及净资产;④A公司和B公司将从C公司购买的产品用于生产。

本例中，成立C公司是为了向股东提供其所有产出。A公司、B公司有权利并且有义务购买C公司的全部产出，实质上获得了所有来自C公司资产的所有经济利益，同时C公司完全依赖来源于A公司、B公司的采购款以确保其运作的持续性，A公司、B公司承担了C公司的负债。因此，该合营安排为共同经营。

参与方在合营安排中的产出分配比例与表决权比例不同，并不影响对该安排是共同经营还是合营企业的判断。

【例28】沿用【例27】资料，所不同的是，由于A公司为行业的龙头企业，B公司认为与A公司合作可以提高本公司在业界的知名度，因此B公司同意仅获得C公司产出份额中的48%，A公司获得C公司产出份额中的52%。

本例中，A公司和B公司的产出分配比例与表决权比例不同，并不影响A公司和B公司获得C公司资产几乎所有经济利益的判断。C公司仍然是共同经营。

参与方将获得的合营安排产出份额用于生产经营还是对外出售，并不影响对该安排是共同经营还是合营企业的判断。

【例29】沿用【例27】资料，所不同的是，A公司将从C公司获得的产出出售给第三方，而不是用于生产过程，B公司仍然将从C公司获得的产出用于生产过程。

本例中，A公司和B公司将从C公司获得的产出份额用于生产，还是对外出售，并不影响A公司和B公司获得C公司资产几乎所有经济利益的判断。C公司仍然是共同经营。

如果合营安排有权自主决定销售价格和客户，参与方没有义务购买合营安排的产出，则表明该合营安排自身承担了价格风险、存货风险、需求风险等，合营方并不直接享有该合营安排相关资产并承担该合营安排相关负债。

【例30】沿用【例27】资料，所不同的是，A公司、B公司修改了合资协议，新合资协议未规定A公司、B公司必须购买C公司生产的产品，并允许C公司将产品出售给其他方，而仅规定A公司、B公司在同等采购价款及条件下有优先购买权。并且C公司生产的产品为行业内通用产品，存在活跃的销售市场。

本例中，成立C公司并非是为股东提供其所有产出，C公司生产的产品又能以合理的市场价格对第三方出售，并不依赖于A公司、B公司为其提供现金流以确保其持续运作，C公司的经营风险由其自身承担。尽管A公司、B公司为C公司的借款提供担保表明A公司、B公司保障C公司筹资安排的意愿，但其仅代表了一种资金筹集的方式，该合营安排的实质是参与方享有该安排的净收益，因此该安排为合营企业。

值得注意的是，在考虑"其他事实和情况"时，只有当该安排产生的负债的清偿持续依赖于合营方的支持时，该安排才为共同经营。即强调参与方实质上是该安排持续经营所需现金流的唯一来源。

【例31】A公司和B公司均为房地产开发公司。A公司和B公司共同成立了一家从事项目管理的单独主体C，并投入一笔资金作为主体C的启动资金和土地竞拍资金。主体C相关活动的决策需要A公司和B公司一致同意方可做出。由主体C代表A公司和B公司建造一处商品房，并负责商品房的公开销售。假定主体C的法律形式使得主体C（而不是A公司和B公司）拥有与该安排相关的资产，并承担相关负债。主体C通过向银行借款来建造该商品房，商品房销售收入优先用于偿还银行债务，剩余利润按照出资比例向A公司和B公司进行分配。

本例中，A公司和B公司共同控制主体C，主体C是一项合营安排，而且是一项通过单独主体达成的合营安排。该合营安排的法律形式和合同条款都不能赋予各参与方享有该主体的资产或负债的权利与义务。同时，尽管A公司和B公司是主体C构建时现金流的唯一来源，但是，主体C所建造的商品房对外销售，A公司和B公司并不会购买这些商品房，主体C建造商品房的资金通过外部借款获得，且A公司和B公司仅预期获取偿还负债后的净利润，因此，没有任何证据表明A公司和B公司对合营安排中的相关资产和负债分别享有权利和承担义务，该合营安排是合营企业。

有时各参与方可能设立一个框架协议，该框架协议规定了参与方从事一项或多项活动需遵守的一般性合同条款，并可能要求各参与方设立多项合营安排，以分别处理构成框架协议组成部分的特定活动。即使这些合营安排与同一框架协议相关联，如果参与方在从事框架协议涉及的不同活动中具有不同的权利和义务，那么，这些合营安排的类型也可能有所不同。因此，当参与方从事同一框架协议中的不同活动时，共同经营和合营企业可能同时存在。在这种情况下，作为参与方之一的企业应当分别判断各项合营安排的分类。

值得注意的是，参与方判断其在合营安排中享有的权利和承担的义务均是在正常经营的情况下，非正常经营（例如破产、清算）时的法律权利和义务的相关性是比较低的。例如，某合营安排通过合伙企业构建，合伙人之间的相关合同约定赋予了合伙人在合伙企业正常经营时享有该合伙企业资产的权利和承担其负债的义务。而在合伙企业清算阶段，合伙人不享有合伙企业的资产，而只能享有合伙企业清偿第三方债务之后应分得的剩余资产。这种情况下，该合伙企业（即合营安排）仍然可以被分类为共同经营，因为在正常经营中，合伙人对于合伙企业的资产和负债是享有权利和承担义务的。

图 2 说明了如何对合营安排进行分类。

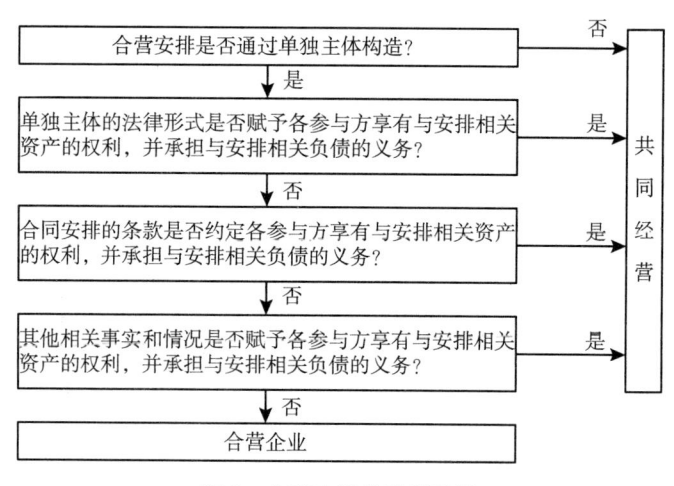

图 2 合营安排类型判断图

六、关于重新评估

企业对合营安排是否拥有共同控制权，以及评估该合营安排是共同经营还是合营企业，这需要企业予以判断并持续评估。在进行判断时，企业需要对所有的相关事实和情况加以考虑。

如果法律形式、合同条款等相关事实和情况发生变化，合营安排参与方应当对合营安排进行重新评估：一是评估原合营方是否仍对该安排拥有共同控制权；二是评估合营安排的类型是否发生变化。

相关事实和情况的变化有时可能导致某一参与方控制该安排,从而使该安排不再是合营安排。

【例32】 沿用【例12】资料,所不同的是,A公司通过现金方式收购了D公司60%的表决权股份,从而控制了D公司。D公司是B公司的母公司。

本例中,A公司通过现金收购B公司的母公司D的股权方式,实际上控制了B公司,因此,通过直接加间接的方式,A公司实际上持有该安排80%的表决权股份,能够单独控制该安排。该安排由合营安排变为A公司的子公司。

由于相关事实和情况发生变化,合营安排的分类可能发生变化,可能由合营企业转变为共同经营,或者由共同经营转为合营企业。应根据具体事实和情况进行判断。例如,经重新协商,修订后的合营安排的合同条款约定参与方拥有对资产的权利,并承担对负债的义务,这种情况下,该安排的分类可能发生了变化,应重新评估该安排是否由合营企业转为共同经营。

七、关于共同经营参与方的会计处理

(一) 共同经营中,合营方的会计处理

1. 一般会计处理原则

合营方应当确认其与共同经营中利益份额相关的下列项目,并按照相关企业会计准则的规定进行会计处理:一是确认单独所持有的资产,以及按其份额确认共同持有的资产;二是确认单独所承担的负债,以及按其份额确认共

同承担的负债；三是确认出售其享有的共同经营产出份额所产生的收入；四是按其份额确认共同经营因出售产出所产生的收入；五是确认单独所发生的费用，以及按其份额确认共同经营发生的费用。

合营方可能将其自有资产用于共同经营，如果合营方保留了对这些资产的全部所有权或控制权，则这些资产的会计处理与合营方自有资产的会计处理并无差别。

合营方也可能与其他合营方共同购买资产来投入共同经营，并共同承担共同经营的负债，此时，合营方应当按照企业会计准则相关规定确认在这些资产和负债中的利益份额。如按照《企业会计准则第 4 号——固定资产》来确认在相关固定资产中的利益份额，按照金融工具确认和计量准则来确认在相关金融资产和金融负债中的份额。

共同经营通过单独主体达成时，合营方应确认按照上述原则单独所承担的负债，以及按本企业的份额确认共同承担的负债。但合营方对于因其他股东未按约定向合营安排提供资金，按照我国相关法律或相关合同约定等规定而承担连带责任的，从其规定，在会计处理上应遵循《企业会计准则第 13 号——或有事项》。

如，【例 23】中，A 公司和 B 公司应当根据其约定的参与份额在各自的财务报表中确认该安排的资产（例如，固定资产以及应收账款等）的份额，以及由该安排产生的负债（例如，对第三方的应付账款）的份额。A 公司和 B 公司也应当确认通过主体 C 向政府提供建造服务产生的收入的份额，以及费用的份额。

【例 33】A 公司、B 公司通过单独主体的形式共同达成了一项合营安排 C 公司，A 公司和 B 公司享有 C 公司中资产的权利并承担其负债的义务，C公司属于共同经营。因此，A公司和B公司应当根据相关会计准则规定对与C公司相关的资产和负债的权利与义务进行会计处理。根据合营安排C公司的合同条款规定，A公司享有C公司资产中厂房相关的所有权利，并承担向第三方偿还与厂房相关负债的义务；A公司和B公司根据各自所占权益的比例（各50%）对C公司的所有其他资产享有权利，并对所有其他负债承担义务。

以下是C公司的简化资产负债表：

单位：万元

资产：		负债和权益：	
货币资金	10	负债——与厂房相关的第三方负债	100
固定资产——厂房	100	其他负债	110
其他资产	180	权益	80
资产总额	290	负债和权益总额	290

A公司应当在其财务报表中记录下述与C公司中资产和负债相关的信息：

资产：		负债和权益：	
货币资金	5	负债——与厂房相关的第三方负债（2）	100
固定资产——厂房（1）	100	其他负债	55
其他资产	90	权益	40
资产总额	195	负债和权益总额	195

注：(1) 由于A公司享有与C公司的厂房相关的所有权利，所以A公司应记录该厂房的总金额；

(2) 合同规定，A公司承担向第三方偿还C公司与厂房相关的第三方负债的义务。

合同安排通常描述了该安排所从事活动的性质，以及各参与方打算共同开展这些活动的方式。例如，合营安排各参与方可能同意共同生产产品，每一参与方负责特定的任务，使用各自的资产，承担各自的负债。合同安排也可能规定了各参与方分享共同收入和分担共同费用的方式。在这种情况下，每一个合营方在其资产负债表上确认其用于完成特定任务的资产和负债，并根据相关约定确认相关的收入和费用份额。

当合营安排各参与方可能同意共同拥有和经营一项资产时，相关约定规定了各参与方对共同经营资产的权利，以及来自该项资产的收入或产出和相应的经营成本在各参与方之间分配的方式。每一个合营方对其在共同资产中的份额、同意承担的负债份额进行会计处理，并按照相关约定确认其在产出、收入和费用中的份额。

【例34】2×13年1月1日，A公司和B公司共同出资购买一栋写字楼，各自拥有该写字楼50%的产权，用于出租收取租金。合同约定，该写字楼相关活动的决策需要A公司和B公司一致同意方可做出；A公司和B公司的出资比例、收入分享比例和费用分担比例均为各自50%。该写字楼购买价款为8 000万元，由A公司和B公司以银行存款支付，预计使用寿命20年，预计净残值为320万元，采用年限平均法按月计提折旧。该写字楼的租赁合同约定，租赁期限为10年，每年租金为480万元，按月交付。该写字楼每月支付维修费2万元。另外，A公司和B公司约定，该写字楼的后续维护和维修支出（包括再装修支出和任何其他的大修支出）以及与该写字楼相关的任何资金需求，均由A公司和B公司按比例承担。假设A公司和B公司均采用成本法对投资性房地产进行后续计量，不考虑税费等其他因素影响。

本例中，由于关于该写字楼相关活动的决策需要A公司和B公司一致同意方可做出，所以A公司和B公司共同控制该写字楼，购买并出租该写字楼为一项合营安排。由于该合营安排并未通过一个单独主体来架构，并明确约定了A公司和B公司享有该安排中资产的权利、获得该安排相应收入的权利、承担相应费用的责任等，因此该合营安排是共同经营。

A公司的相关会计处理如下：

（1）出资购买写字楼时

借：投资性房地产　　40 000 000（8 000万元×50%）

贷：银行存款　　40 000 000

（2）每月确认租金收入时

借：银行存款　　200 000（480万元×50%÷12）

贷：其他业务收入　　200 000

（3）每月计提写字楼折旧时

借：其他业务成本　　160 000

贷：投资性房地产累计折旧　　160 000

（8 000万元－320万元）÷20÷12×50%＝16（万元）

（4）支付维修费时

借：其他业务成本　　10 000（20 000×50%）

贷：银行存款　　10 000

2. 合营方向共同经营投出或者出售不构成业务的资产的会计处理

合营方向共同经营投出或出售资产等（该资产构成业务的除外），在共同经营将相关资产出售给第三方或相关资产消耗之前（即，未实现内部利润仍包括在共同经营持有的资产账面价值中时），应当仅确认归属于共同经营其他参与方的利得或损失。交易表明投出或出售的资产发生符合《企业会计准则第 8 号——资产减值》（以下简称"资产减值损失准则"）等规定的资产减值损失的，合营方应当全额确认该损失。

3. 合营方自共同经营购买不构成业务的资产的会计处理

合营方自共同经营购买资产等（该资产构成业务的除外），在将该资产等出售给第三方之前（即，未实现内部利润仍包括在合营方持有的资产账面价值中时），不应当确认因该交易产生的损益中该合营方应享有的部分。即，此时应当仅确认因该交易产生的损益中归属于共同经营其他参与方的部分。

【例 35】A 公司和 B 公司共同设立一项安排 C，假定该安排被划分为共同经营，A 公司和 B 公司对于安排 C 的资产、负债及损益分别享有 50% 的份额。2×13 年 12 月 31 日，A 公司支付采购价款（不含增值税）100 万元，购入安排 C 的一批产品，A 公司将该批产品作为存货入账，尚未对外出售。该项产品在安排 C 中的账面价值为 60 万元。

本例中，安排 C 因上述交易确认了收益 40 万元。A 公司对该收益按份额应享有 20 万元（40 万元×50%）。但由于在资产负债表日，该项存货仍未出售给第三方，因此该未实现内部损益 20 万元应当被抵销，相应减少存货的账面价值。但 B 公司对该收益应享有 20 万元应当予以确认（40 万元×50%），B 公司享有的 20 万元收益反映在 A 公司存货的期末账面价值中。

当这类交易提供证据表明购入的资产发生符合资产减值损失准则等规定的资产减值损失的，合营方应当按其承担的份额确认该部分损失。

4. 合营方取得构成业务的共同经营的利益份额的会计处理

合营方取得共同经营中的利益份额，且该共同经营构成业务时，应当按照企业合并准则等相关准则进行相应的会计处理，但其他相关准则的规定不能与本准则的规定相冲突。企业应当按照企业合并准则的相关规定判断该共同经营是否构成业务。该处理原则不仅适用于收购现有的构成业务的共同经营中的利益份额，也适用于与其他参与方一起设立共同经营，且由于有其他参与方注入既存业务，使共同经营设立时即构成业务。

【例36】B公司和C公司共同设立一项安排D，假定该安排构成一项业务，且属于共同经营。B公司和C公司对于安排D的资产、负债及损益分别享有50%的份额。A公司（非关联方）于2×13年12月31日购买了B公司持有的全部安排D的利益份额，购买对价为200万元，交易费用10万元。A公司所取得的单独持有的资产及共同持有的资产份额以及所单独承担的负债及共同承担的负债份额的公允价值如下（单位：万元）：

资产：		负债：	
货币资金	20	流动负债	30
固定资产	100	非流动负债	10
其他资产	80		
资产总额	200	负债总额	40

假定不考虑所得税，A公司取得的该共同经营利益份

额中可辨认净资产的公允价值为 160 万元，A 公司支付的对价为 200 万元，A 公司应相应确认商誉 40 万元。

合营方增加其持有的一项构成业务的共同经营的利益份额时，如果合营方对该共同经营仍然是共同控制，则合营方之前持有的共同经营的利益份额不应按照新增投资日的公允价值重新计量。

（二）对共同经营不享有共同控制的参与方的会计处理原则

对共同经营不享有共同控制的参与方（非合营方），如果享有该共同经营相关资产且承担该共同经营相关负债的，比照合营方进行会计处理。即，共同经营的参与方，不论其是否具有共同控制，只要能够享有共同经营相关资产的权利、并承担共同经营相关负债的义务，对在共同经营中的利益份额采用与合营方相同的会计处理。否则，应当按照相关企业会计准则的规定对其利益份额进行会计处理。例如，如果该参与方对于合营安排的净资产享有权利并且具有重大影响，则按照长期股权投资准则等相关规定进行会计处理；如果该参与方对于合营安排的净资产享有权利并且无重大影响，则按照金融工具确认和计量准则等相关规定进行会计处理；向共同经营投出构成业务的资产的，以及取得共同经营的利益份额的，则按照合并财务报表及企业合并等相关准则进行会计处理。

【例37】A 公司、B 公司、C 公司共同设立合营安排 D 公司，表决权比例分别为 45%、45% 及 10%。假设根据协议，A 公司、B 公司共同控制 D 公司，且该合营安排为共同经营，除上述外无其他需考虑的因素。

在本例中，A 公司、B 公司对合营安排具有共同控制权而 C 公司仅仅是该项合营安排的参与方。假设 C 公司对于 D 公司的净资产享有权利，那么 C 公司应当判断其持有的 10% 的表决权比例是否使其对合营安排具有重大影响，进而按照长期股权投资准则或金融工具确认和计量准则进行会计处理。

八、关于合营企业参与方的会计处理

合营企业中，合营方应当按照《企业会计准则第 2 号——长期股权投资》的规定核算其对合营企业的投资。

对合营企业不享有共同控制的参与方（非合营方）应当根据其对该合营企业的影响程度进行相关会计处理：对该合营企业具有重大影响的，应当按照长期股权投资准则的规定核算其对该合营企业的投资；对该合营企业不具有重大影响的，应当按照金融工具确认和计量准则的规定核算其对该合营企业的投资。

九、关于衔接规定

（一）与企业会计准则讲解中原有分类的比较和衔接

在本准则发布之前，企业会计准则讲解（2010）中，对共同控制资产、共同控制经营和合营企业进行了讲解。

原共同控制经营，是指企业使用本企业的资产或其他经济资源与其他合营方共同进行某项经济活动，并且按照合同或协议约定对该经济活动实施共同控制。通过共同控制经营获取收益是共同控制经营的显著特征，每一合营方负担合营活动中本企业发生的费用,并按照合同约定确认本企业在合营产品销售收入中享有的份额。

共同控制经营的情况下,并不单独成立一个区别于各合营方的企业、合伙组织等单独主体,为了共同生产一项产品,各合营方分别运用自己的资产并且相应发生自身的费用。例如飞机的生产过程中,一个合营方可能负责生产机体,另外一个合营方负责安装发动机,其他的合营方可能分别负责组装飞机的某一组成部分,作为参与飞机生产的每一个合营方,其责任仅限于完成整个经济活动中的某一个组成部分,之后各合营方按照合同或协议的规定分享飞机销售所产生的收入。

原共同控制资产,是指企业与其他合营方共同投入或出资购买一项或多项资产,按照合同或协议约定对有关的资产实施共同控制的情况。通过控制的资产获取收益是共同控制资产的显著特征,每一合营方按照合同约定享有共同控制资产中的一定份额并据此确认本企业的资产,享有该部分资产带来的未来经济利益。

各合营方一起共同使用一项或若干项资产、分享资产为企业带来的经济利益,如各合营方共同使用一条输油管线、一个通信网络或是在一个特定的时期内或特定的时间段内共同使用有关的资产。共同控制资产也不需要单独设立区别于各合营方的单独主体,仅仅是有关各方共同分享一项或多项资产的情况。

本准则与企业会计准则讲解的原相关规定相比,一是正式引入了"合营安排"的概念;二是将原先的共同控制经营、共同控制资产、合营企业这种三分类重新划分为共同经营和合营安排两类;三是通过对合营方在合营安排中的相关权利和义务的分析,来判断该合营安排应当被分类为共同经营还是合营企业,而不是像之前将通过设立被投资单位而构建的共同控制一律划分为合营企业。因此,首次采用本准则时,企业应当根据本准则关于合营安排的定义及分类认定的规定对其合营安排进行重新评估,确定其分类。实务中原先被认定为共同控制资产或共同控制经营的,如符合本准则合营安排的定义,应当被归为共同合营安排。原先被认定为合营企业的,应分析合营方是否对合营安排中的相关资产和负债分别享有权利和承担义务,从而判断该合营安排应当被分类为共同经营还是合营企业。

(二) 原合营企业重新分类为共同经营时的衔接处理

经过评估,企业可能发现之前被认定为合营企业的实际上符合共同经营的定义。合营企业重新分类为共同经营的,合营方应当在比较财务报表最早期间期初终止确认以前采用权益法核算的长期股权投资以及其他实质上构成对合营企业净投资的长期权益;同时根据比较财务报表最早期间期初采用权益法核算时使用的相关信息确认本企业在共同经营中的利益份额所产生的各项资产(包括商誉)和负债,所确认资产和负债的账面价值与其计税基础之间存在暂时性差异的,应当按照《企业会计准则第18号——所得税》的规定进行会计处理。

也就是说,合营方应当在资产负债表上对相关资产和负债按其享有的份额进行还原,即将构成比较期间期初投资账面价值组成部分的资产与负债进行分拆,用来作为这些资产和负债初始计量的账面价值。这些组成部分的计量应当基于企业之前用于比较期间期初权益法核算时的信息,包括原购买时所产生的任何商誉。

一般而言，确认的各项资产和负债的净额与终止确认的长期股权投资以及其他实质上构成对合营企业净投资的长期权益的账面金额之间应当不存在差额。存在差额的，应当按照下列规定处理：如果前者大于后者的，其差额应当首先调减与该投资相关的商誉，仍有余额的，再调增比较财务报表最早期间的期初留存收益；如果前者小于后者的，其差额应当冲减比较财务报表最早期间的期初留存收益。

按享有份额确认的各项资产和负债的净额与终止确认的长期股权投资以及其他实质上构成对合营企业净投资的长期权益的账面金额之间存在差额的原因包括但不限于：一是长期股权投资发生过减值（此时资产与负债的净值可能较高）；二是合营方对单独主体中个别资产的权利份额与对长期股权投资进行权益法核算时的份额不同，如合营方可能拥有单独主体表决权股份的45%，但是对单独主体中某一资产的权利份额仅为40%（此时资产与负债的净值可能较低）。

合营方从权益法转为对资产和负债进行会计处理，应当在报表附注中说明在比较财务报表最早期间的期初，终止确认的投资、已确认资产和负债以及调整计入的期初留存收益的剩余差额之间的勾稽关系。

【例38】A公司2×10年12月31日以1 000万元的价格向B公司购买了其持有的甲公司50%的股权，交易完成后，A公司与B公司对甲公司实施共同控制，A公司将其对甲公司的长期股权投资作为合营企业，采用权益法核算。投资日甲公司可辨认净资产公允价值为1 400万元，A公司的初始投资成本1 000万元，应享有的甲公司可辨认净资产公允价值份额为700万元，商誉300万元包含在初始投资成本中。

	2×10年12月31日		2×11年12月31日		2×12年12月31日	
	账面价值	公允价值	账面价值	持续计量的价值（1）	账面价值	持续计量的价值（1）
固定资产（2）	700	1 100	630	990	560	880
其他资产	400	400	300	300	240	240
递延所得税负债		-100		-90		-80
净资产	1 100	1 400	930	1 200	800	1 040

注：（1）持续计量的价值为基于2×10年12月31日的公允价值持续计量的价值。

（2）固定资产可使用寿命为20年，残值为0。A公司投资时该固定资产已使用了10年。

从投资日至2×11年12月31日，甲公司发生持续亏损（未发生其他综合收益和其他所有者权益变动），A公司按照权益法累计确认了100万元的投资损失，在对该项长期股权投资进行减值测试之后，A公司计提了100万元减值准备。2×12年、2×13年、2×14年1～6月（假定），A公司按照权益法分别确认了对甲公司的投资损失80万元、50万元、30万元。未进一步计提减值准备。A公司没有其他实质上构成对甲公司净投资的长期权益。

A公司2×14年7月1日开始执行合营安排准则并对其合营安排进行了重新评估，认为甲公司属于共同经营，A公司对甲公司各项资产、负债、收入、成本、费用的分享比例均为50%。

A公司编制2×14年年度财务报告时，应于比较报表最早期间期初，即2×13年1月1日终止确认对甲公司的长期股权投资账面余额820万元，减值准备100万元，同时根据2×13年1月1日采用权益法核算时使用的相关信息，确认A公司在甲公司的利益份额所产生的固定资产

440万元,其他资产120万元,商誉300万元,递延所得税负债40万元。所需确认的资产负债净额为820万元,大于需终止确认的长期股权投资账面价值720万元,其差额100万元冲减需确认的商誉,故于2×13年1月1日确认的商誉金额为200万元。

借:固定资产　　　　　　　　　4 400 000
　　其他资产　　　　　　　　　1 200 000
　　商誉　　　　　　　　　　　2 000 000
贷:递延所得税负债　　　　　　　　400 000
　　长期股权投资　　　　　　　　7 200 000

另外,对于共同经营参与方取得构成业务的共同经营中利益份额的,会计处理采用未来适用法,不需要进行追溯调整,但企业应当披露相关信息。

第三部分
《企业会计准则第 40 号 ——合营安排》起草说明

第三部分 《企业会计准则第 40 号——合营安排》起草说明

一、本准则的制定背景

（一）适应企业实务需要

长期以来，我国没有单独的合营安排准则，而是将相关内容放在长期股权投资准则应用指南和相关讲解中予以规范。随着我国市场经济的不断发展，合营安排日益增多，实务界、监管部门等在企业会计准则执行过程中提出建议，需要有一项单独的会计准则以规范合营安排的分类和各参与方的会计处理。因此，为不断丰富和完善企业会计准则体系，适应企业实务需要，有必要根据我国实际情况单独制定本准则。

（二）与国际财务报告准则持续趋同

2011 年 5 月 12 日，国际会计准则理事会发布《国际财务报告准则第 11 号——合营安排》（以下简称 IFRS11），取代了《国际会计准则第 31 号——合营中的权益》和《解释公告第 13 号——共同控制主体：合营者的非货币性投入》。其中主要涉及三方面的变化：一是将合营安排三分类（共同控制资产、共同控制经营和共同控制主体）改为两分类（共同经营和合营企业）；二是要求基于合营安排中各方的权利和义务来确定某项合营安排是共同经营还是合营企业，是否存在单独主体不再是据以做出判断的唯一因素；三是要求在合并财务报表中统一采用权益法核算合营企业中的权益，取消比例合并法。

2012 年 12 月，国际会计准则理事会发布《取得共同经营中的利益份额（征求意见稿 2012/7）》，讨论合营方自共同经营购买业务时的会计处理问题。2014年5月,国际会计准则理事会正式发布《取得共同经营中的利益份额》,规定自构成业务的共同经营中取得利益份额的,会计处理适用《国际财务报告准则第3号——企业合并》以及其他相关准则,其他相关准则的规定不能与IFRS11的规定相冲突。IFRS11为我国规范合营安排的会计处理提供了有益参考。

综上,适应社会主义市场经济发展的需要,为进一步完善企业会计准则体系,并保持我国企业会计准则与国际财务报告准则的持续趋同,我们根据《企业会计准则——基本准则》,我部制定了《企业会计准则第40号——合营安排》(以下简称本准则)。

二、本准则的制定过程

自2007年企业会计准则实施以来,我们密切关注企业会计准则实施中存在的合营安排相关问题。结合我国国内企业实务需要,并借鉴国际财务报告准则,我们于2012年着手启动了本准则的制定工作。根据我国会计准则制定程序,我们在多次听取来自国内A+H股上市公司财务负责人、财政部会计领军人才、会计学术界等代表意见,并与香港会计师公会讨论的基础上起草了准则草稿。

在几经修改草稿的基础上,进一步征求相关部门意见,并赴企业、会计师事务所进行了实地调研,具体包括:一是2012年6月,召开了企业会计准则专题研讨会,听取部分会计师事务所、证券监管机构和企业的专家对准则制定的意见;二是开展调研,听取上交所、部分会计师事务所和企业对制定准则草稿的意见和建议;三是请熟悉国际财务报告准则的专家介绍有关国际准则项目的制定背景、内涵和应用情况。根据大家意见予以完善后形成准则讨论稿，于 2012 年 8 月向会计准则委员会各委员征求意见。总体上，各委员都支持我国准则制定机构根据《中国企业会计准则与国际财务报告准则持续趋同路线图》的要求，结合我国实际情况，制定我国合营安排准则。

我们按照各位委员反馈的意见和实务需要修改完善讨论稿，并在此基础上形成了本准则征求意见稿，于 2012 年 11 月 15 日向社会公开征求意见。截至 2013 年 2 月 16 日，我们共收到 54 份反馈意见，分 6 类 280 条。社会各界从企业会计实务的实际情况、会计准则国际持续趋同等方面提出了一些建议，并对征求意见稿中所列具体问题、起草应用指南中应注意的事项、准则行文表述等提出意见和建议。

我们认真研究并充分吸收了各方的反馈意见和建议，再次在内地与香港会计准则趋同会中讨论有关问题，形成了本准则的草案，并于 2013 年 8 月再次向会计准则委员会各委员征求意见，进一步修改完善本准则；2013 年 10 月，会同国际会计准则理事会代表一起逐条与 IFRS11 进行对比，国际会计准则理事会代表给予高度评价，提出了个别文字修改意见，根据该意见经完善后形成本准则送审稿，经部条法司审核、报部领导批。

本准则于 2014 年 2 月 17 日予以印发，自 2014 年 7 月 1 日起在所有执行企业会计准则的企业范围内施行，鼓励在境外上市的企业提前执行。

三、关于共同控制的界定

本准则发布前，企业会计准则体系并没有对合营安排做出明确定义。本准则中，我们借鉴合营安排国际准则，将合营安排定义为"由两个或两个以上的参与方共同控制的安排"。根据此定义，共同控制的界定是判断一项安排是否为合营安排的关键。

征求意见稿和IFRS11中对共同控制的定义是一致的。即，"共同控制，是指按照相关约定对某项安排所共有的控制，并且该安排的相关活动必须经过分享控制权的参与方一致同意后才能决策"。对此问题，大多数意见认为，征求意见稿中共同控制的界定是恰当的；也有少数意见认为，共同控制的界定过于原则性，缺乏直观的指标，建议在应用指南给出更为具体的解释，以便于操作。

本准则采纳了多数意见，继续采用了征求意见稿中对"共同控制"的界定，同时，在应用指南中对如何界定共同控制提供了详细的说明和举例，以便于对该定义的理解和应用。

四、关于本准则的适用范围

本准则规定，由两个或两个以上的参与方共同控制的安排均属于合营安排准则的范围。同时，在实务中，界定合营安排的范围时还应注意以下两个事项：

1. 本准则中的"合营企业"不同于《中外合资经营企业法》中的合营企业。对征求意见稿的反馈意见中，有意见认为，征求意见稿中合营企业的概念完全不同于《中外合资经营企业法》中的合营企业，容易造成理解上的混淆和歧义。

我们吸收了反馈意见，在应用指南中明确指出，本准则中的"合营企业"不同于《中外合资经营企业法》中

"合营企业",企业在应用本准则时,应注意避免混淆。

2. 计量方面的豁免。根据本应用指南,当认定风险资本组织、共同基金、信托公司或包括投连险基金在内的类似主体在合营企业中拥有权益时,允许这些主体对持有的在合营企业中的权益,按照《企业会计准则第22号——金融工具确认和计量》(以下简称"金融工具确认和计量准则")以公允价值计量,且其变动计入损益。做出这一规定的原因,是考虑到对这些主体所持有的投资以公允价值计量比采用权益法核算能够为财务报表使用者提供更有用的信息,而不是将这些主体拥有在合营企业中的权益排除在本准则的范围之外。即,这种豁免只是计量方面的豁免,而不是范围方面的豁免。

五、关于合营安排的分类

本准则发布前,根据是否存在独立主体,划分共同控制资产、共同控制经营和合营企业三类。征求意见稿从合营安排中各方的权利和义务这一经济实质出发,而不单纯依赖于法律形式,将合营安排划分为共同经营和合营企业两类。共同经营中,合营方享有该安排相关资产且承担该安排相关负债;合营企业中,合营方仅对该安排的净资产享有权利。这一分类方式与IFRS11中按照权利和义务将原先的共同控制资产、共同控制经营和共同控制企业重新分类为共同经营和合营企业两类的理念和做法都是一致的。

对此问题,反馈意见一致认为,征求意见稿中合营安排的分类是恰当的,能够有效指导实务判断,同时,建议在应用指南中对合营安排的分类给出更为详细的解释。

本准则采纳了反馈意见，继续使用了征求意见稿中对合营安排的分类。同时，在应用指南中为合营安排的分类提供了详细的解释和举例，以更好地指导实务判断。

六、关于单独主体

征求意见稿借鉴 IFRS11，引入了单独主体这一概念：单独主体是指单独可辨认的财务架构，不论其是否具有法人资格。对此问题，有两种意见：

1. 多数意见认为，引入单独主体这一概念是恰当的。主要理由：单独主体强调单独性，而会计主体强调会计确认、计量、报告的空间范围，两者尽管存在很大的相似性，但并不是同一个概念。如，编制合并财务报表时，企业集团是一个会计主体，但不可以说企业集团是一个单独主体。

2. 有意见认为，可以把单独主体定义为会计主体，主要理由：会计主体这一概念更容易被会计实务人员所理解和接受。

本准则采纳了多数意见，引入了单独主体这一概念，同时，为便于大家理解，在应用指南中对单独主体进行了详细说明。

七、关于通过单独主体达成的合营安排是否也可能是共同经营

征求意见稿规定，通过单独主体达成的合营安排，通常应当划分为合营企业，但如果单独主体的法律形式、合同条款及其他相关事实和情况表明，合营方对该安排中的

相关资产和负债分别享有权利和承担义务,该合营安排应当划分为共同经营。IFRS11对此也有相同规定。

对此问题,反馈意见一致认可按照权利和义务这一经济实质,而不仅仅是单独主体这一形式,来区分一项合营安排是共同经营还是合营企业,同时建议在应用指南中增加关于"其他相关事实和情况"等相应的解释和案例说明。

本准则采纳了上述意见,并在应用指南中予以了详细解释。

八、关于合营安排分类对实务的影响

征求意见稿将合营安排分为共同经营和合营企业两类,并要求首次执行的企业应当对其合营安排进行重新评估。IFRS11对此也有相同规定。对此问题,有两种意见:

1. 多数意见认为,按照本准则中合营安排的分类,不会加重企业负担。主要理由:一是本准则发布前,并不存在共同经营这个概念,而是相应地使用共同控制资产和共同控制经营这两个概念。但是,有时共同控制经营和共同控制资产的构成要素会同时存在,难以区分一项安排到底应当被归类为共同控制经营,还是被归类为共同控制资产,并且这两类安排的会计处理原则是一样的。按照本准则,原共同控制经营和共同控制资产都将被归为共同经营这一类,企业实务得到了适当简化;二是尽管按照本准则原合营企业可能被重新分类为共同经营,但这一重分类更加符合会计上实质重于形式的要求,而且涉及的主要是重新认定,核算上并没有什么新的要求,不会加重企业负担。

2. 有意见认为，按照本准则中合营安排的分类，原先被认定为合营企业的，可能被重新分类为共同经营，尽管更加符合经济实质，但在一定程度上增加了实务操作难度，建议在应用指南中增加相应的解释。主要理由：本准则规定在判断合营企业时，应当从合营安排中各方的权利和义务这一经济实质出发，而不是仅依据是否通过单独主体达成进行判断。

本准则采纳了多数意见，要求首次执行的企业应当对其合营安排进行重新评估，由于分类变化导致会计处理方法改变的，应进行追溯调整。

因此，在企业实务中，在对一项安排进行重新评估时，原共同控制经营或共同控制资产由于不存在单独主体，只要符合合营安排的定义，即可以被划分为共同经营，而不会被重新分类为合营企业。

但是，对于原先被划分为合营企业的合营安排而言，在对合营方在合营安排中利益份额所享有的权利和承担的义务进行判断后，可能会被重新分类为共同经营。此时，合营方从权益法核算转变为对相关资产和负债进行会计处理。此时，合营方应当基于应用权益法时所使用的信息，确认与其在共同经营中的权益相关的每一项资产（包括产生的商誉）和负债的账面金额，而不是要求合营方在过渡日重新计量其在资产和负债中的份额。

所确认的资产和负债净额（前者），在金额上有可能会不同于被终止确认的长期股权投资以及其他实质上构成对合营企业净投资的长期权益的账面金额（后者）的金额。

比如说，如果合营方以前对这项长期股权投资计提了减值，由于减值损失不会分配到任何构成长期股权投资账面金额的各项资产,因此,前者就会高于后者。再如,如果合营方对于该项合营安排中的某项资产拥有的权益份额小于其权益份额,则前者可能就会低于后者。

这种情况下如何进行会计处理,需要做出规范。对此,本准则做出了相应的规定,即:前者大于后者的,其差额应当首先抵减与该投资相关的商誉,仍有余额的,再调增比较财务报表最早期间的期初留存收益;前者小于后者的,其差额应当冲减比较财务报表最早期间的期初留存收益。

同时,为便于会计信息使用者理解,本准则在应用指南中对原合营企业重分类为共同经营的情况提供了详细的解释和举例。

第四部分
Accounting Standard for Business Enterprises No. 40—Joint Arrangements

第四部分　Accounting Standard for Business Enterprises No. 40—Joint Arrangements

Chapter 1　General Provisions

Article 1　This standard is formulated in accordance with the "Accounting Standard for Business Enterprises—Basic Standard" for the purpose of prescribing the identification and the classification of joint arrangements, and the accounting for the interest in the arrangement by parties to a joint arrangement.

Article 2　A joint arrangement is an arrangement of which two or more parties have joint control. A joint arrangement has the following characteristics:

(a) The parties are bound by the arrangement.

(b) Two or more parties have joint control of the arrangement. In a joint arrangement, no single party controls the arrangement on its own. A party with joint control of an arrangement can prevent any of the other parties, or a group of the parties, from controlling the arrangement.

Article 3　A joint arrangement does not require each party to have joint control of the arrangement. Parties to a joint arrangement include parties that have joint control of a joint arrangement (joint operators or joint venturers) and parties that participate in, but do not have joint control of, a joint arrangement.

Article 4　Disclosure of the joint operators or joint venturers' interest in a joint arrangement is dealt with under "Accounting Standard for Business Enterprises No.

41—Disclosure of Interests in Other Entities".

Chapter 2   Identification and Classification of a Joint Arrangement

Article 5   Joint control is the contractually agreed sharing of control of an arrangement, which exists only when decisions about the relevant activities require the unanimous consent of the parties sharing control.

In this Standard, the relevant activities refer to the activities that significantly affect the returns of the arrangement. Relevant activities of an arrangement shall be determined based on the circumstances, which usually include selling and purchasing of goods or services, managing financial assets, acquiring or disposing of assets, researching and developing activities and financing activities.

Article 6   All the parties, or a group of the parties, control the arrangement collectively when they must act together to direct the relevant activities.

In assessing whether an enterprise has joint control of an arrangement, the enterprise shall first assess whether all the parties, or a group of the parties, control the arrangement collectively, then assess whether decisions about the relevant activities require the unanimous consent of those parties that control the arrangement collectively.

Article 7   When more than one combination of the parties can

第四部分　Accounting Standard for Business Enterprises No. 40—Joint Arrangements

control an arrangement collectively, joint control does not exist.

Article 8　A party that holds only protective rights does not have joint control of the arrangement.

Article 9　A joint arrangement is classified as either a joint operation or a joint venture.

A joint operation is a joint arrangement whereby the joint operators have rights to the assets, and obligations for the liabilities, relating to the arrangement.

A joint venture is a joint arrangement whereby the joint venturers have rights to the net assets of the arrangement.

Article 10　A joint operator or joint venturer shall determine the type of joint arrangement in which it is involved based on its rights and obligations to the arrangement. A joint operator or joint venturer assesses its rights and obligations by considering factors, such as the structure, legal form, and the contract terms of the arrangement.

Article 11　A joint arrangement that is not structured through a separate vehicle shall be classified as a joint operation.

A separate vehicle refers to a separately identifiable financial structure, including separate legal entities or entities without a legal personality but recognised by statute.

Article 12　A joint arrangement that is structured through a separate vehicle is usually classified as a joint venture. However, when a joint arrangement provides clear evidence that it meets any of the following requirements and complies with applicable laws and regulations, it shall be classified as a joint operation:

(a) The legal form of the joint arrangement indicates that the parties that have joint control have rights to the assets, and obligations for the liabilities, relating to the arrangement;

(b) The terms of the joint arrangement specify that the parties that have joint control have rights to the assets, and obligations for the liabilities, relating to the arrangement;

(c) Other facts and circumstances indicate that the parties that have joint control have rights to the assets, and obligations for the liabilities, relating to the arrangement—for example, the parties that have joint control have rights to substantially all of the output of the arrangement, and the arrangement depends on the parties that have joint control on a continuous basis for settling the liabilities of the arrangement.

The provision of guarantees to the joint arrangement by the joint operators or joint venturers does not, by itself, impose on the joint operators or joint venturers an obligation for the liabilities relating to the arrangement. Moreover, the obligation of the joint operators or joint venturers to contribute capital to the joint arrangement does not signify that the joint operators or joint venturers have an obligation for the liabilities relating to the arrangement.

Article 13　If a change in facts and circumstances results in any change in the rights and obligations of the joint operators or joint venturers to the joint arrangement, the joint operators or joint venturers shall reassess the classification of the joint arrangement.

Article 14　The parties that have signed a framework agreement under which they establish different joint arrangements to deal with specific activities, shall determine the classification of each joint arrangement.

Chapter 3　Accounting by Parties to a Joint Operation

Article 15　A joint operator shall recognise the following items in relation to its interest in a joint operation, and account for them in accordance with relevant accounting standards:

(a) its solely-held assets, and its share of any assets held jointly;

(b) its solely-assumed liabilities, and its share of any liabilities incurred jointly;

(c) its revenue from the sale of its share of the output arising from the joint operation;

(d) its share of the revenue from the sale of the output by the joint operation; and

(e) its solely-incurred expenses, and its share of any expenses incurred jointly.

Article 16 When a joint operator enters into a transaction with a joint operation, such as a sale or contribution of assets (except assets that constitute a business), the joint operator shall recognise gains or losses resulting from such a transaction only to the extent of the other parties' interests in the joint operation before the sale of those assets to a third party by the joint operation. When those assets to be sold or contributed incur an impairment loss as defined in "Accounting Standard for Business Enterprises No. 8—Impairment of Assets" and other relevant accounting standards, those losses shall be recognised fully by the joint operator.

Article 17 When a joint operator enters into a transaction with a joint operation, such as a purchase of assets (except assets that constitute a business), the joint operator shall recognise gains or losses resulting from such a transaction only to the extent of the other parties' interests in the joint operation until it resells those assets to a third party. When those assets to be purchased incur an impairment loss as defined in "Accounting Standard for

Business Enterprises No. 8—Impairment of Assets" and other relevant accounting standards, the joint operator shall recognise its share of those losses.

Article 18 For a party that participates in, but does not have joint control of, a joint operation, if that party has rights to the assets, and obligations for the liabilities, relating to the joint operation, it shall account for its interest in the arrangement in accordance with Articles 15 – 17; otherwise, if that party has neither rights to the assets nor obligations for the liabilities relating to the joint operation, it shall account for its interest in the joint operation in accordance with the relevant accounting standards.

Chapter 4 Accounting by Parties to a Joint Venture

Article 19 A joint venturer shall account for its investment in a joint venture in accordance with "Accounting Standard for Business Enterprises No. 2—Long-term Equity Investments".

Article 20 A party that participates in, but does not have joint control of, a joint venture shall account for its interest in the arrangement according to its influence over the joint venture:

(1) when the party has significant influence over

the joint venture, it shall account for its interest in accordance with "Accounting Standard for Business Enterprises No. 2—Long-term Equity Investments".

(2) when the party does not have significant influence over the joint venture, it shall account for its interest in accordance with "Accounting Standard for Business Enterprises No. 22—Financial Instruments: Recognition and Measurement".

Chapter 5   Transitional Provisions

Article 21   An enterprise applying this Standard for the first time shall reassess the joint arrangements in which it participates, to determine their classification.

Article 22   When reclassifying a joint venture as a joint operation, the enterprise shall, at the beginning of the earliest comparative period presented, derecognise the long-term equity investment that was previously accounted for using the equity method and any other items that formed part of the enterprise's net investment in the arrangement, and recognise its share of each of the assets (including goodwill) and the liabilities in respect of its interest in the joint operation based on the information used by the enterprise in applying the equity method at the beginning of the earliest comparative period presented. When temporary differences exist between the carrying amounts of the recognised assets and liabilities and their tax bases, the enterprise shall account for them in accordance with "Accounting Standard for Business Enterprises No. 18—Income Taxes".

Any difference arising from the net amount ("former") of the assets and liabilities recognised and the carrying amount("latter") of the long-term investment together with any other items that formed part of the enterprise's net investment in the original joint venture derecognised shall be:

(a) offset against any goodwill relating to the investment with any remaining difference adjusted against retained earnings at the beginning of the earliest comparative period presented, if the former is higher than the latter.

(b) adjusted against retained earnings at the beginning of the earliest comparative period presented, if the former is lower than the latter.

Chapter 6   Supplementary Provisions

Article 23   This Standard becomes effective as from July 1, 2014.